100 PROVENZALISCHE GERICHTE

Köstlichkeiten aus aller Welt

Band 6

100 provenzalische Gerichte

von

Nicolai Blechinger

1989
Hayit Verlag, Köln

Für Mutti und meinen unvergessenen Vater.

CIP-Titelaufnahme der Deutschen Bibliothek
Blechinger, Nicolai
100 [Hundert] provenzalische Gerichte / von Nicolai Blechinger. - Köln : Hayit, 1989
(Köstlichkeiten aus aller Welt ; Bd. 6)
ISBN 3-89210-146-9
NE: GT

1. Auflage 1989
ISBN 3-89210-146-9

Redaktionelle Mitarbeit: Carola Blechinger
Satz: Hayit Verlag GmbH, Köln
Druck: Ebner Ulm

Printed in Germany

Inhaltsverzeichnis

Vorwort 7
Zu diesem Buch 8
Essen und Trinken in der Provence 10
Kleine Geschichte der provenzalischen Küche 13
Gewürze und Kräuter 14
Anis 14
Basilikum 14
Bohnenkraut 15
Estragon 15
Fenchel 15
Kapern 15
Knoblauch 16
Lavendel 16
Lorbeer 17
Majoran 17
Oregano 17
Rosmarin 17
Safran 18
Salbei 18
Schalotte 18
Thymian 18
Wacholder 18
Kräuter der Provence 19
Bouquet garni 19
Kleines provenzalisches Kochlexikon 20
Olivenöl 20
Butter 20
Crème fraîche 20
Aîoli 21
Pistou 21
Senf 21
Essig 21
Vinaigrette 21
Grobes Meersalz 21
Anchovis 22

Anchoîade 22
Brot, Baguette, Flûte 22
Beilagen 22
Käse 23
Kleines Küchen-ABC 24
Blanchieren 24
Entwässern 24
Farcieren 24
Flambieren 24
Gratinieren 24
Legieren 24
Marinieren 25
Passieren 25
Pochieren 25
Sautieren 25
Getränke
Kräutertee 26
Pastis 26
Wein 27
Apéritiv und Digestif 28
Marc/Eau de Vie de Marc 28

Rezepte

Suppen 30
Saucen 43
Vorspeisen 47
Salate 50
Gemüsegerichte 56
Fischgerichte 87
Fleischgerichte 114
... vom Rind 118
... von Hammel und Lamm 123
... vom Kalb 135
... vom Kaninchen 138
... vom Geflügel 144
Süßspeisen, Desserts und Gebäck 150
Spezial-Rezepte für Genießer 156

Vorwort

Kochen ist meine Leidenschaft, und schon seit langem gehört die provenzalische Küche zu meinen Favouriten. Wann immer möglich, habe ich Rezepte gesammelt, wobei ich das große Glück hatte, während meiner zahlreichen Reisen in die Provence Freunde unter den Einheimischen zu finden. So konnte ich manchen Einblick in die Küche des Hauses gewinnen, von dem Genuß der zahlreichen Menüs ganz zu schweigen.
Als Hobbykoch habe ich viele provenzalische Gerichte zum festen Bestand meiner Küche gemacht, und wenn ich heute Freunde zu einem original provenzalischen Abendessen einlade, dann ist der Zuspruch stets groß. Auch wenn Knoblauch unbedingt dazugehört (oder vielleicht gerade deswegen)! Aber probieren Sie selbst ...

Bon appétit - oder besser auf provenzalisch: boun appetit - wünscht Ihnen

Ihr Nicolai Blechinger

Zu diesem Buch

Warum eigentlich 100 provenzalische Gerichte und nicht etwa 100 französische Gerichte? Nun, *die* französische Küche gibt es schließlich gar nicht. Von Region zu Region kommen in Frankreich zum Teil recht unterschiedliche Speisen auf den Tisch, und auch in bezug auf kulinarische Vorlieben, Tischsitten, Traditionen etc. zeigen sich regionale Unterschiede.

Neben z. B. der elsässischen oder der bretonischen Küche unterscheidet sich auch die Küche der Provence wesentlich von den meisten übrigen französischen Küchen. Weniger raffiniert oder verspielt, ist sie eher bodenständig und zeichnet sich vor allem durch die typische Würze ihrer Gerichte aus.

*** Schnelle Küche**

Überall in der Welt gibt es wohl zwei Arten zu kochen. Die eine nenne ich die schnelle Feierabend-, die andere die Feiertags/Gäste-Küche. Beide gibt es auch in der Provence. Tatsache ist aber, daß man sich hier grundsätzlich nicht nur beim Essen, sondern auch beim Kochen eher mehr Zeit läßt. Ich habe nun versucht, für dieses Buch vor allem solche Gerichte auszuwählen, die möglichst wenig zeitaufwendig in der Zubereitung sind.

Es gibt natürlich Gerichte, die man beim besten Willen nicht „schneller" kochen kann. Diese aufwendigeren wie auch die etwas teureren Gerichte habe ich in einem gesonderten Kapitel am Ende des Buches zusammengetragen. Vielleicht nehmen Sie sich einmal die Zeit ...

*** Preiswerte Küche**
Schon bedingt durch das Klima und den guten Boden ist die Provence eine Region, in der nicht nur „Milch und Honig fließen". Frisches Gemüse und würzige Kräuter prägen die Küche der Provence, in der das Einfrieren von Lebensmitteln - im Gegensatz zum übrigen Frankreich - weitgehend verpönt ist.
Damit Sie trotzdem preiswert „original provenzalisch" kochen können, habe ich mich bemüht, bei den Rezepten Zutaten anzugeben, die auch hierzulande relativ einfach zu besorgen sind. Frisches Gemüse, Obst und frische Kräuter sind auch bei uns auf Märkten und in Geschäften erhältlich, ebenso wie Fleisch und Fisch. Lammfleisch wird z. B. auch in den türkischen Geschäften angeboten. Natürlich kann man auch getrost tiefgefrorenes Lammfleisch verwenden.

*** Unkomplizierte Küche**
Die provenzalische Küche ist nicht unbedingt eine „einfache" Küche. Freude am Kochen sollte man schon haben. Doch habe ich bei der Auswahl der Rezepte darauf geachtet, daß keine komplizierten Kochtechniken verlangt werden und daß die Gerichte in herkömmlichen Töpfen und Pfannen - ohne zusätzliche Elektrogeräte - zubereitet werden können.

Essen und Trinken in der Provence

Als Reisender in der Provence lernt man wohl zunächst die aufwendigen Menüs in den Restaurants kennen. Der Küchenalltag in der Provence ist jedoch, außer an Sonn- und Feiertagen, bescheidener. Neben Suppen kommen vor allem Gemüsegerichte auf den Tisch. Wild, wie Fleisch überhaupt, und Fisch sind nicht billig und stehen daher nicht jeden Tag auf dem Küchenzettel.

Das provenzalische Frühstück ist - wie im Mittelmeerraum überhaupt - eher spartanisch: eine große Tasse Kaffee, dazu ein Croissant bzw. ein Baguette. In den ländlichen Gegenden ist das Mittagessen die Hauptmahlzeit; in den größeren Städten ißt man oft entweder in der Kantine oder in einem der zahlreichen Restaurants. Das Abendessen besteht in der Regel aus einer kräftigen Suppe, Salaten, Käse und Baguette. Wer tagsüber keine Gelegenheit zu einem ausgiebigen Mittagessen hatte, holt diese Mahlzeit abends zu Hause nach. Zu Hause setzt man sich an den Wochenenden auch im Kreis der Familie und Freunde zu den typischen, umfangreichen Menüs zusammen. Oder man geht - sofern es der Geldbeutel zuläßt - in ein gutes Restaurant.

Großer Beliebtheit erfreut sich in der warmen Jahreszeit auch das „Pique-nique". Ob direkt neben der Straße, auf einem Parkplatz oder abseits zwischen Bäumen auf einer Wiese, am Wochenende trifft man sich im Freien an reichgedeckten Campingtischen. Zu einem typisch provenzalischen Picknick gehören z. B. Huhn in Folie mit Rosmarin, kalter gekochter Fisch mit einer Aïoli, Zucchini und

Champignons in einer Vinaigrette oder ein Salade Niçoise, Ziegenkäse, Oliven und natürlich Baguette. Ein kleiner Pastis vorweg, ein Rosé dazu und zu Abschluß Café und Gebäck - wie könnte man einen schönen Sommertag besser verbringen.
Eine große Leidenschaft der Provenzalen ist die Jagd, und Wildgerichte gehören denn auch zu den „klassischen" Speisen der Provence. Allerdings ist Wild in der Provence inzwischen selten geworden. Wo aber Kaninchen, Wildschwein und Kumpanen sich rar machen, blüht das Jägerlatein um so mehr. Geschichten über Jagdabenteuer gehören einfach zu einem geselligen Abend, und dabei verwischt die Grenze zwischen Phantasie und Wirklichkeit nur allzu leicht. Bei einem feucht-fröhlichen Abend im Kreise einer provenzalischen Familie kam auch mir eine solche Erzählung zu Ohr, die - selbstverständlich - nach dem Genuß einiger Digestifs zum besten gegeben wurde. Sie handelte von einem außergewöhnlich eingebildeten Jäger, der behauptete, mit einem einzigen Schuß aus seiner Büchse ein mehrgängiges Menü auf den Tisch gebracht zu haben. Seine Erzählung lautete wie folgt:

Eine riesengroße Flugente, von einer Kugel aus seiner Büchse getroffen, fiel mit einem Aufschrei in den Fluß und schnappte dort noch mit letzter Kraft einen dicht unter der Wasseroberfläche lauernden, natürlich riesigen Fisch. Dieser schnellte im Todeskampf mit der Ente ans Ufer, wo er mit großer Wucht auf einen Möhren fressenden Hasen fiel, der daraufhin - ein Bündel frischer Mohrrüben im Maul - gemeinsam mit den beiden anderen Tieren tot zu Boden fiel.

Für ein vielseitiges Menü auf der Tafel des Jägers war somit in der Tat gesorgt. Für den Wahrheitsgehalt der Erzählung kann allerdings keine Gewähr übernommen werden.

Kleine Geschichte der provenzalischen Küche

Großen Einfluß auf die provenzalische Küche hatten zunächst die Griechen, die im Jahre 600 v. Chr. bei Marseille landeten und die Urbewohner der heutigen Provence, Ligurer und Kelten, mit dem Wein- und Olivenanbau vertraut machten. Lebten die Griechen noch friedlich Handel treibend mit den Einheimischen zusammen, wurde es mit dem Erscheinen der Römer in der Provence kriegerischer. Es folgte eine Zeit blutiger Unruhen, und nachdem die Römer das Land endgültig in Besitz genommen hatten, wurden nicht nur neue Städte angelegt, auch die italienische Küche hielt Einzug in die Provence.

In den folgenden Jahrhunderten wurde die Provence noch von mehreren Eroberern verschiedener Nationalitäten heimgesucht (Mauren, Sarazenen, Goten). Alle hinterließen ihre Spuren in der Kultur und der provenzalischen Küche. So z. B. auch der „gute König René" aus dem Haus Anjou (15. Jahrhundert), der die Muskatellertraube einführte. Nach seiner Ära fiel die Provence an das französische Königreich, konnte sich aber immer ihre Eigenheit bewahren. Nicht nur ihre Sprache, sondern auch ihre Küche ist mehr eine Küche des Mittelmeerraumes, durch die Nähe zu Italien, als eine Küche Frankreichs. Neben den Gewürzen stehen frisches Obst und Gemüse, Lammfleisch und Fisch im Mittelpunkt der provenzalischen Küche. Es vergeht kein Tag, an dem nicht in irgendeiner Stadt ein großer Markt mit einem riesigen Angebot abgehalten wird. Die Provence ist Hauptlieferant für landwirtschaftliche Erzeugnisse - nicht nur für Frankreich.

Gewürze und Kräuter

Provence - das ist ein Glaubensbekenntnis! Auch, was die Küche abgeht. Wilder Honig, weißer Käse, kräftiger Rotwein, der im Glas schimmert ... und vor allem der Duft von Rosmarin, Thymian, Lavendel und all den anderen Kräutern der Provence. Wohl kaum eine Landesküche wird so unmittelbar mit ihren Gewürzen in Verbindung gebracht wie die der Provence. Die „Herbes de Provence" (Kräuter der Provence) und der „Ail" (Knoblauch) sind typische Beispiele dafür.

Anis/Anis vert

Anis, ein Gewürz, das z. B. dem Pernod seinen typischen Geschmack verleiht, stammt höchstwahrscheinlich aus Ägypten. Schriftlich erwähnt wurde es schon von den alten Griechen, die Anis als Arznei rühmten. In Frankreich, wo im Vergleich zu Spanien nur wenig Anis angebaut wird, ist Anis außer für den schon erwähnten Pernod und den Likör Anisette vor allem ein beliebtes Gewürz bei der Zubereitung von Backwaren.

Basilikum/Basilic

Das intensive Aroma des Basilikum-Krautes, das nach einem Jahr Wachstum eine Höhe von über 40 Zentimeter erreicht, paßt gut zu Lamm oder Ente, zu Hackbraten sowie zu Auberginen- und Zucchinigerichten.

Bohnenkraut/Sarriette
Bohnenkraut wächst wild. Einmal im Garten angebaut, pflanzt es sich von Jahr zu Jahr selber fort. Außer Gerichte aus Hülsenfrüchten verfeinert man mit Bohnenkraut vor allem Fisch und Saucen. Schon kleine Mengen des Gewürzes genügen, um die Speisen zu aromatisieren.

Estragon/Estragon
Die annähernd einen Meter hohe Estragon-Pflanze braucht sonnigen, kalkhaltigen Boden. Estragon eignet sich hervorragend für Fischgerichte.

Fenchel/Fenouil
Fenchel, der im Geruch an Anis erinnert, fand schon in Frühzeiten Eingang in die Medizin. Heute wird Fenchel u. a. als ein Bestandteil von Hustenbonbons oder - z. B. wegen seiner beruhigenden Wirkung bei Blähungen - als Tee angeboten. Zur Gewürzherstellung werden die Stengel mit den gefiederten Blättern abgeschnitten, getrocknet und zermahlen. Fenchel wird hauptsächlich bei Fischgerichten verwendet. Die Knolle und die Stengel sind außerdem ein schmackhaftes Gemüse oder werden als Salat zubereitet.

Kapern/Câpre
Fast einen Meter hoch ist der Kapern-Busch, dessen - sauer eingelegte - Beeren besonders Saucen zu Fisch- und Eiergerichten oder zu Salaten verfeinern. Berühmt sind die in Essig eingelegten Kapern aus der Gegend um Marseille.

Knoblauch/Ail
Knoblauch, ein über 60 Zentimeter hohes Liliengewächs, die Knolle wächst unter der Erde und setzt sich aus mehreren Zehen zusammen, war schon der antiken Welt bekannt. Schon damals gab es ein Für und Wider über den Nutzen der Pflanze. Wurde sie einerseits als Heilmittel gegen Darmerkrankungen und Blutverdickung gefeiert, wurde sie andererseits wegen des Geruches verdammt. Eben dieser Geruch stößt auch heute noch viele Menschen ab. Leider gibt es für den Knoblauchliebhaber, und das muß man als Liebhaber der provenzalischen Küche sein, kein Mittel, diesen typischen Geruch nach dem Verzehr von Knoblauch zu vermeiden. Weder Zähneputzen noch der Verzehr von Gewürznelken oder Petersilie können diesem „Duft" etwas anhaben. Die ätherischen Öle, Hauptbestandteile der Knoblauchzehen, werden nicht nur über den Atem, sondern hauptsächlich über die Körperporen, also über die gesamte Haut, ausgeschieden. Also was bleibt: Man esse Knoblauch mit Überzeugung - oder in Gesellschaft. Denn wer selbst Knoblauch gegessen hat, nimmt den Geruch nicht mehr wahr. Verwendet wird Knoblauch bei fast allen Fleisch- und Fischgerichten sowie für Ratatouille, und eine Spur Knoblauch gibt auch jeden Salat eine besondere Note.

Lavendel/Lavande
Nicht nur in Parfums und Seife oder in Form von getrockneten Duftsträußen wird Lavendel verwendet. Die so angenehm duftende Pflanze ist auch Bestandteil zahlreicher Saucen.

Foto:
Lammkoteletts à la provençale
Rezept siehe S. 133

Lorbeer/Laurier
Über 10 Meter Höhe erreichen die Lorbeerbäume in der Provence. Neben den frischen Lorbeerblättern sind in der provenzalischen Küche auch die getrockneten Blätter für Fisch- und Geflügelgerichte von Bedeutung. Lorbeer ist auch Bestandteil vieler Saucen.

Majoran/Marjolaine
Die strauchartige Majoran-Pflanze kommt fast überall in Europa vor. Majoran wird frisch oder in getrockneter Form in Gemüsesuppen und Eintöpfen verwendet. Aber auch zum Aromatisieren von Lamm- oder Hackfleischgerichten und Saucen eignet sich das Gewürz.

Oregano/Origan
Oregano, das ähnlich intensiv duftet wie Thymian, wächst in bis zu 60 Zentimeter hohen Büschen. Oregano erhält man im Handel sowohl getrocknet als auch in Pulverform. Man sollte Oregano beim Kochen möglichst als einziges Gewürz verwenden und nicht mit anderen Gewürzen mischen. Oregano paßt z. B. zu Tomatengerichten, Hülsenfrüchten und Schweinebraten.

Rosmarin/Romarin
Rosmarin, ein Gewürz von intensivem Aroma, wächst in bis zu 1,50 Meter hohen Büschen. Das mit einem nahezu mythischen Ruf bedachte Gewürz ist schon seit Urzeiten bekannt. Es wird in der Küche besonders zu Lamm-, aber auch zu anderen Fleischgerichten verwendet, ist aber auch beliebt zum Würzen vom Gemüsegerichten, z. B. Ratatouille.

Safran
Das sehr teure Safran-Gewürz wird aus der blühenden Safranpflanze, die aus der Krokusfamilie stammt, gewonnen. Das stark gelb färbende Gewürz wird hauptsächlich in Fisch- oder Reisgerichten (z. B. in der Bouillabaisse) und nur in kleinsten Mengen (Messerspitze) verwendet.

Salbei/Sauge
Salbei wächst wie Thymian wild. Der Strauch wird bis zu 50 Zentimeter hoch. Außer als Gewürz für Fisch- und Lammgerichte findet Salbei auch als Heiltee Verwendung.

Schalotte/Échalote
Schalotten sind feine, kleine Zwiebeln, die es in grauer oder violetter Färbung gibt. Sie werden häufig in Saucen verwendet.

Thymian (Gartenthymian/Thym, Feldthymian/Serpolet)
Neben Rosmarin zählt Thymian zu den am häufigsten verwendeten Kräutern der provenzalischen Küche. Thymian wächst wild, bevorzugt auf sonnigen, leicht steinigen Böden. Die buschige Pflanze wird bis zu 30 Zentimeter hoch. Thymian eignet sich hervorragend zum Aromatisieren von Lamm- und Geflügelgerichten sowie von Gemüse, z. B. Tomaten.

Wacholder/Genièvre
Die etwa 8 mm dicken Beeren des Wacholderstrauches sind bei uns in erster Linie durch den Wacholderschnaps bekannt. In der provenzalischen Küche verfeinern sie Wildge-

richte, aber auch in Fischsud und Kohlgerichten finden sie Verwendung.

Kräuter der Provence/ Herbes de Provence

Bei den „Herbes de Provence" handelt es sich um eine Mischung verschiedener Kräuter, deren Zusammensetzung von Hersteller zu Hersteller anders ausfallen kann. Feste Bestandteile sind in jedem Fall Thymian, Rosmarin, Lavendel und Bohnenkraut. Dazu kommen noch häufig Basilikum, Lorbeer, Muskatnuß, Nelken oder Koriander. Die Verwendung von „Herbes de Provence", also einer festen Kräutermischung, ist nicht unbedingt empfehlenswert. Besser ist es, für jedes Gericht ausgewählte Kräuter verwenden, denn nicht für jedes Gericht paßt dieselbe Kräutermischung.

Bouquet garni
Das Bouquet garni ist ein Strauß Kräuter, der hauptsächlich Suppen beigegeben und vor Ende der Kochzeit entfernt wird. Folgende Kräuter werden mit einem Faden zusammengebunden: 2 kleine Thymianzweige, 1 Lorbeerblatt, 3-5 Petersilienstengel, gegebenenfalls etwas Lauch.

Kleines provenzalisches Kochlexikon

Nicht nur die Käuter, auch andere wichtige Bestandteile verleihen der provenzalischen Küche ihren typischen Charakter.

Olivenöl/Huile d'olive
Das beste Olivenöl, leider auch das teuerste, ist das „vierge extra", das kaltgepreßte Öl erster Qualität aus erster Pressung. Mit Rosmarin- oder anderen Gewürzzweigen aromatisiertes Olivenöl erfreut sich besonderer Beliebtheit.
Neben dem wertvollen Olivenöl wird in der provenzalischen Küche auch sehr häufig das bedeutend preiswertere Erdnußöl/Huile d'arachide und Sonnenblumenöl/Huile de tournesol verwendet.

Butter/Beurre
Die beste Butter, die in der provenzalischen Küche Verwendung findet, stammt aus der Normandie. Um beim Braten das Anbräunen zu verhindern, wird sie zu gleichen Teilen mit Öl verwendet.

Crème fraîche
Crème fraîche - dicke, vom Geschmack her säuerliche Sahne - ist aus der provenzalischen Küche - z. B. bei der Saucenzubereitung - nicht wegzudenken. Eine Art süße Schlagsahne ist die Crème chantilly.

Aïoli
Aïoli, *die* provenzalische Sauce schlechthin, besteht aus Eigelb, Olivenöl, Knoblauch, Salz und Pfeffer.
Aïoli heißt aber auch das Nationalgericht der Provence, das, aus Stockfisch, Gemüse, Ei, Kartoffeln und eben dieser Sauce bestehend, warm oder kalt serviert wird.

Pistou
Pistou ist eine Art Paste aus Knoblauch, Basilikum und Olivenöl, die gerne Suppen beigegeben wird.

Senf/Moutarde
Der beste Senf der Provence kommt aus Dijon und ist ziemlich scharf. Hervorragend schmecken die mit Kräutern, z. B. mit Estragon, verfeinerten Senfsorten.

Essig/Vinaigre
Außer dem herkömmlichen Weinessig gibt es noch gewürzten Essig mit unterschiedlicher Zusammensetzung; häufig aus Sherry, Cidre, Estragon, Zitrone etc.

Vinaigrette
Vinaigrette ist eine Salatsauce, die auch zu kaltem Gemüse paßt. Sie besteht aus Essig, Olivenöl, Salz, Pfeffer, Knoblauch, Rosmarin, Thymian, etwas Senf oder Sahne. Ein Schuß herber Weißwein ist auch erlaubt.

Grobes Meersalz/Gros sel
Grobes Meersalz wird wie frischer Pfeffer in einer Gewürzmühle gemahlen und über die Speisen gestreut.

Anchovis/Anchois
Anchovis sind in grobem Meersalz eingelegte kleine Sardellen.

Anchoïade
Anchoïade ist eine dicke Sauce aus Anchovis, Olivenöl, Zwiebeln, Knoblauch und Pfeffer.

Brot, Baguette, Flûte
Keine Mahlzeit ohne Brot. In Frankreich wird zu jedem Essen das typische Baguette („Stab") oder Flûte („Flöte") gereicht. Schon morgens früh sieht man die Franzosen - beladen mit Bündeln von Baguettes - zu Fuß, auf dem Fahrrad oder im Auto heimwärts streben.
Baguette gibt es in verschiedenen Größen. Es sollte immer frisch und knusprig sein und kann geschnitten oder gebrochen werden. Mit dem Stangenweißbrot Suppe zu tunken gilt durchaus als tischfein, und die letzten Reste schmackhafter Saucen lassen sich so hervorragend vom Teller aufnehmen.
Neben dem Baguette gibt es noch schmackhafte Weißbrote, die mit Knoblauch, Oliven oder Nüssen gefüllt sind. Eine Spezialität der Provence ist das Fougasse, das von der Form her an eine Leiter erinnert.

Beilagen
Neben Kartoffeln in allen Variationen, auch Gnocchi!, stehen in der provenzalischen Küche Reis und Polenta als Beilagen auf dem Speiseplan.

Käse/Fromage
Käse ist in der Provence häufig ein Ziegenkäse. Den „fromage de chèvre" gibt es frisch, getrocknet, mit Kräutern der Provence, z. B. Salbei und Rosmarin, gewürzt, oder in Weinblätter gehüllt (Spezialität aus Banon) auf jedem Markt in Hülle und Fülle zu kaufen. Übrigens: Erst nach dem Käse folgt das Dessert.

Kleines Küchen-ABC

Blanchieren
Gemüse nur wenige Minuten lang in Wasser kochen, so daß es noch „weiß" bleibt.

Entwässern
Gemüse mit einem hohen Anteil an Bitterstoffen, z. B. Auberginen, wird vor dem Kochen in Scheiben geschnitten und mit Salz bestreut. Dann läßt man es ca. 1/2 halbe bis 1 Stunde stehen. Durch diesen Entwässerungsprozeß werden die Bitterstoffe reduziert.

Farcieren
Die Zubereitung einer fein zerkleinerten Masse (Farce) und das Füllen von Braten oder Gemüse mit dieser Masse.

Flambieren
Speisen mit hochprozentigem Alkohol übergießen und diesen entzünden, um das Aroma in die Speise eindringen zu lassen.

Gratinieren
Ein Gericht im Ofen bei starker Oberhitze überbacken, um eine gebräunte Kruste zu erzielen.

Legieren
Eine Suppe oder Sauce bei schwacher Hitze unter ständigem Rühren mit Eigelb oder Sahne binden.

Marinieren
Das Einlegen von rohem Kochgut in einer Marinade aus Wein oder Essig, Öl, Kräutern und Gewürzen, um z. B. Fleisch mürbe zu bekommen oder zu würzen.

Passieren
Suppen oder Saucen durch ein Sieb gießen oder drücken, um die groben Bestandteile zurückzuhalten.

Pochieren
In siedender, nicht sprudelnd kochender Flüssigkeit garen, z. B. im Wasserbad.

Sautieren
Bei scharfer Hitze kurz anbraten, um eine schnelle Bräunung des Bratguts zu erreichen.

Getränke

Kräutertee

Bei den Kräutern der Provence denkt man natürlich vorzugsweise an den Wohlgeschmack, den sie durch ihre Beigabe den Speisen geben. Aber sie fördern auch die Bekömmlichkeit: So sind z. B. Rosmarin, Thymian und Fenchel altbekannte Hausmittel, die der besseren Verdauung dienen. Diesen heilkräftigen Nebeneffekt machen sich die Provenzalen auch gerne mittels eines Kräutertees zu Nutze. Frisch gepflückte Kräutern, ungewaschen, luftig zum Trocknen aufgehängt, sind die Voraussetzung für einen guten, wirksamen Tee. Mit kochendem Wasser aufgegossen, entfalten sich die ätherischen Wirkstoffe, und mit provenzalischem Honig abgeschmeckt, trinken Provenzalen dieses aromatische Getränk gerne gezielt gegen ein bestimmtes Leiden - oder auch schon zur Vorbeugung.
Eine Aufzählung aller Kräuteranwendungen würde den Rahmen dieses Buches sprengen, doch sei noch darauf hingewiesen: Auch bei den „gesunden" Kräutern gilt: Zuviel kann auch schädlich sein.

Pastis

Ein regelrechtes Nationalgetränk der Provenzalen ist der Pastis. Unter dem Namen Pernod und Ricard ist dieser Anisschnaps auch bei uns populär geworden. Pastis trinkt man nie pur, sondern serviert ihn in speziellen Gläsern, die zu 1/5 mit Pastis und nach eigenem Belieben mit Eiswasser aufgefüllt werden. So ist Pastis ein leichter und erfrischender

Apéritif, der an heißen Tagen aber nur in Maßen genossen werden sollte (43 % vol.!).

Wein

Sobald man einen Rosé aus der Provence auf den Tisch stellt, schnalzen Weinkenner und -liebhaber mit der Zunge, und das hat seine Berechtigung. Ungefähr 60% des provenzalischen Weinbaus entfällt auf den Rosé, von dem so manche Sorte einen sehr guten Ruf in der Wein-Fachwelt genießt. Da wären der fruchtige *Bandol*, der elegante *Tavel* und der *Lirac* zu nennen - die beiden letztgenannten aus der Umgebung von Avignon -, weiterhin die kräftigen *Côtes du Lubéron* und *Côtes du Ventoux*, und die Qualität der Rotweine aus dem Châteauneuf-du-Pape ist bekannt.
Für Weißweinliebhaber sei der rund um den Mittelmeerort Cassis angebaute gleichnamige Weißwein empfohlen. Jede gutsortierte Weinabteilung bietet dem Provence-Wein-Liebhaber hierzulande ein breites Sortiment. Am reichhaltigsten ist natürlich die Auswahl, wenn man sich in der Provence selbst befindet: Man hält einfach an einer der zahlreichen Wein-Coopérativen, macht eine Dégustation (Weinprobe) und entdeckt so „seinen" Wein, den man dann in Original-Flaschenabfüllung erhält oder „en vrac" (lose) in Kanister abfüllen lassen kann. Bei dieser Art des preiswerten Weinkaufs darf es auch ruhig etwas mehr sein, zumal man nach seinem Provence-Urlaub auch zuhause gerne den Urlaubswein genießen möchte und es erlaubt ist, bei der Ausreise Wein im Wert bis zu 800 DM mitzunehmen. Dafür muß man beim Zoll lediglich eine Art Ausgleichsabgabe von ca. 10-20 Pfennigen bezahlen.

Beim Kauf von Flaschenweinen sollte man auf die Qualitätsangaben achten: Die mit A.O.C. (kontrollierte Ursprungsbezeichnung „Appellation d'Origine Contrôlée") oder V.D.Q.S. bezeichneten Weine entsprechen der 1. Kategorie. Aber auch so mancher Landwein verblüfft durch seine Qualität. Bei Einladungen stellt sich dem Gastgeber oft die Frage: Zu welchem Gericht welcher Wein? Zu Fisch empfiehlt sich ein herber Weißwein, allerdings schmeckt zu fettem Fisch auch ein Rotwein (den man durchaus auch leicht gekühlt trinken kann). Zu Wildgerichten oder Gebratenem paßt ein nicht allzu schwerer Rotwein, zu Gemüse ein Weißwein oder auch ein gut gekühlter Rosé. Zu Käse paßt ein Rotwein, und zum abschließenden Dessert ist ein Glas Champagner oder trockener Sekt angebracht.

Apéritif und Digestif

Neben dem Pastis sind als Apéritif z. B. *Anisette*, ein 25-prozentiger Anislikör, und auch die 15 Prozent starken Mischungen aus Wein, Alkohol, Karamelzucker und verschiedenen Obstarten, z. B. *Vin de Citron* (mit Zitronenextrakt), *Vin de Noix* (mit Extrakten aus grünen Nüssen), oder *Vin d'Orange* (mit Orangenextrakt) beliebt.
Gerne trinkt man auch einen *Vin doux*, einen süßen Likör von bis zu 20 % vol. Als Digestif nach dem Essen wird neben dem Marc oder einem Kräuterlikör (z. B. mit Thymian) auch „Unprovenzalisches" wie Armagnac, Cognac oder auch Whisky serviert.

Marc/Eau de Vie de Marc

Stets haben die Menschen überlegt, was man aus Resten

noch machen könnte. So brennen die Winzer schon seit alters her aus den entsafteten Traubenresten, den Trestern, ein Destillat, das ihnen einst als Hausschnaps diente. Inzwischen ist dieser Tresterbrand, der früher als „Arme-Leute-Schnaps" galt, salonfähig und populär geworden - wie z. B. die italienische Grappa.

Im Weinland Frankreich gehört das „Lebenswasser" *Eau de Vie de Marc* zum krönenden Abschluß eines guten Essens. Die Qualität des Marc (das „c" wird nicht ausgesprochen) wird streng geprüft, und das Getränk darf nur in den Handel, wenn es die „Appellation Réglementée" erhält. Marc wird zweimal destilliert und hat mindestens 40 % vol. Marc stammt immer aus einem gesetzlich begrenzten Anbaugebiet und darf nur aus den Trestern der Rebsorten hergestellt werden, aus denen in dieser Region auch der Wein gemacht wird. Marc aus der Provence stammt in der Regel aus Trestern des Roséweines.

Alle Rezepte sind, sofern nichts anderes angegeben ist, für vier Personen berechnet.

Suppen

Suppen sind bei der Landbevölkerung z. B. als kräftigende Mahlzeit in der Mittagspause bei der Feldarbeit beliebt, ebenso werden Suppen gerne abends als leichte Mahlzeit gegessen.

Salbeisuppe/Aigo Boulido

Eine einfache, aber sehr schmackhafte Suppe, die sich großer Beliebtheit erfreut.

Zutaten
1,5 l Wasser
4 Knoblauchzehen
Salz
Pfeffer
6 Salbeiblätter
2 Eßl. Olivenöl
2 Eidotter
Weißbrotscheiben, geröstet

Zubereitung
Das Wasser mit dem Olivenöl, den zerstoßenen Knoblauchzehen, Salz, Pfeffer und Salbeiblättern in einer Kasserolle 30 Minuten kochen. Die beiden Eidotter in einer Suppenschüssel verschlagen und den Inhalt der Kasserolle nach Entfernung der Knoblauchzehen und der Salbeiblätter langsam auf die verschlagenen Eidotter gießen. Die gerösteten Brotscheiben beifügen und die Suppe warm servieren.

Vorbereitung: ca. 15 Minuten
Garzeit: ca. 30 Minuten

Bohnensuppe

Zutaten

4 Tomaten, große
2 Kartoffeln
2 Stangen Lauch
2 Karotten
200 g grüne Bohnen
150 g weiße Bohnen
200 g rote Bohnen
3 große Knoblauchzehen
3 Zweige frisches Basilikum
Salz
4 Eßl. Olivenöl
100 g geriebener Käse

Zubereitung

Die Kartoffeln und die Karotten schälen, waschen und schneiden. Das Lauch waschen und in dünne Scheiben schneiden. Die grünen Bohnen putzen und schneiden, die Tomaten enthäuten und schneiden. Das Frischgemüse und die weißen und roten Bohnen in kochendes Wasser geben und ca. 1 1/2 Stunden kochen lassen. In der Zwischenzeit die Knoblauchzehen pressen, mit Basilikumblättern und dem Olivenöl verrühren, etwas von der Suppenbrühe hinzugeben und das Ganze nach der Hälfte der Kochzeit in die Suppe rühren, nach Geschmack salzen. Zum Servieren mit geriebenem Käse bestreuen.

Vorbereitung: ca. 30 Minuten
Garzeit: ca. 90 Minuten

Foto:
Olivensuppe
Rezept siehe S. 35

Fischsuppe

Anstelle der genannten Fische im Originalrezept kann man auch Kabeljau, Scholle oder Schellfisch verwenden.

Zutaten

1 kg Seefisch/Meeresfrüchte (Krabben, Seeröten, Seeaale, Knurrhähne, Goldbrassen, Wittlinge)
1/2 Glas Olivenöl
1 Zwiebel
2 Tomaten - in dünnen Scheiben geschnitten
2 Lauchstangen
2 gepreßte Knoblauchzehen
Bouquet garni (mit etwas Fenchelgrün)
1 Stück unbhandelte Orangenschale
etwas Safran (Messerspitze)
geriebener Käse

Zubereitung

Das Olivenöl in eine Kasserolle geben, das Lauch und die Zwiebel in dünne Scheiben schneiden und in dem Olivenöl ziehen lassen. Die Tomaten, Knoblauch, das Bouquet garni und die Orangenschale hinzufügen und noch eine Minute ziehen lassen. Mit 2 Liter Wasser aufgießen, den Seefisch mit etwas Safran hineingeben und 20 Minuten kochen. Die Fischbouillon durch ein Tuch in eine Suppenterrine gießen und mit dem geriebenen Käse bestreut heiß servieren. Dazu werden mit Knoblauch eingeriebene geröstete Brotscheiben gereicht.

Vorbereitung: ca. 30 Minuten
Garzeit: ca. 20 Minuten

Krabbensuppe

Am einfachsten und schnellsten läßt sich dieses Gericht mit Krabben aus der Dose zubereiten.

Zutaten
500 g Krabben
2-4 Eßlöffel Fadennudeln
1 Eßl. Olivenöl
1 Eßl. Estragon
1 Teel. scharfer Paprika
3 Knoblauchzehen, gepreßt
Salz
Pfeffer
1 Glas trockener Weißwein

Zubereitung
Einen Eßlöffel Olivenöl mit dem Weißwein, etwas Wasser und den Gewürzen unter ständigem Rühren erhitzen. Mit Wasser aufgießen und zum Aufkochen bringen. Die Krabben hineingeben und 20 Minuten kochen lassen. Kurz vor Ende der Garzeit die Fadennudeln hinzugeben und mitkochen. Nach Geschmack salzen und pfeffern.

Vorbereitung: ca. 15 Minuten
Garzeit: ca. 20 Minuten

Olivensuppe/Bouillabaisse d'olives

Dieses Gericht sollten Sie auf keinen Fall im Schnellkochtopf zubereiten: die Oliven würden bitter werden.

Zutaten
200 g schwarze Oliven - entkernt
1 kg Kartoffeln
2 Eßl. Olivenöl
8 Knoblauchzehen
4 Lorbeerblätter
Salz
Pfeffer

Zubereitung
Die 8 ungeschälten Knoblauchzehen in Olivenöl mit den Oliven und den Lorbeerblättern in einem Schmortopf anschmoren. Dann die geschälten und in große Würfel geschnittenen Kartoffeln hinzufügen, salzen und pfeffern und mit Wasser aufgießen, so daß alles bedeckt ist. 20 Minuten sprudelnd kochen.

Vorbereitung: ca. 20 Minuten
Garzeit: ca. 20 Minuten

(siehe Foto gegenüber S. 31)

Kohlsuppe/Soupe aux chou

Zutaten

1 Tomate
1 Karotte
1 weiße Rübe
1 Zwiebel
1 Kartoffel
1 Lauch
1 Zweig Sellerie
2 Knoblauchzehen
1 Grünkohl
250 g Kichererbsen oder grüne Bohnen
1 Schweinsfuß oder Schweineschwanz
Thymian
Safran
Salz
Pfeffer

Zubereitung

Die Kichererbsen am Abend vorher einweichen und zusammen mit dem Schweinsfuß 20 Minuten kochen lassen. Das geputzte und geschnittene Gemüse hinzugeben, im geschlossenen Topf weitere 15 Minuten kochen.

Vorbereitung: ca. 30 Minuten
Garzeit: ca. 35 Minuten

Leichte Gemüsesuppe/Potage julienne

Eine ideale Suppe im Frühling und Sommer, wenn das Angebot an frischen Gemüsen besonders groß ist.

Zutaten
4 Karotten
4 weiße Rübchen (Navets)
2 Stangen Lauch
1/2 Wirsing
1 Kopfsalat
1 Zwiebel
1/4 l Wasser
1 Teel. Salz
1 Würfelzucker
1 1/2 l Fleischbrühe (Instant)
etwas Kerbel

Zubereitung
Gemüse putzen, waschen und in feine Streifen schneiden, ebenso die Zwiebel; den gewaschenen Salat auch in Streifen schneiden. Gemüse und Zwiebel in kochendem Salzwasser 3 Min. blanchieren, Salat hinzufügen, weitere 2 Min. blanchieren. In einem Sieb abgießen und mit eiskaltem Wasser abschrecken.
1/4 l Brühe aufkochen, Gemüse und Salat hinzugeben und bei offenem Topf köcheln lassen, bis die Flüssigkeit fast ver-

dunstet ist. Nun die restliche Brühe in den Topf geben, einige Minuten köcheln lassen.
Vor dem Servieren mit etwas Kerbel bestreuen.

Vorbereitung: ca. 20 Minuten
Garzeit: ca. 15 Minuten

Dinkelsuppe/Soupe d'épeautre

Dinkel, ein weizenkornähnliches Getreide, wurde schon vor 5000 Jahren angebaut. Elisabeth von Bingen lobte im 17. Jahrhundert dieses ballastreiche Getreide, das im Verlauf der Jahrhunderte, außer in südlichen Ländern, immer mehr vom Küchenzettel verschwand. Heute, im Zuge der Vollwertküche, erfreut sich Dinkel, auch Spelz genannt, wieder zunehmender Beliebtheit, und wird nicht nur in Suppen, sondern auch für Backwaren verwendet wird.

Zutaten
500 g Dinkel
1 mittelgoße Schweinshaxe
2 Mettwürstchen
8 Kartoffeln
8 Karotten
2 Stangen Lauch
Sellerie
200 g weiße Bohnen

Zubereitung
Den Dinkel waschen und am Vorabend einweichen und quellen lassen. Das Getreide mit dem Fleisch und etwas Pfeffer in Salzwasser auf kleiner Flamme 2 Stunden kochen lassen. 1 Stunde vor dem Servieren das gewaschene Gemüse ganz (!) hinzugeben und mitkochen. Man serviert das Gemüse und das Fleisch getrennt nach der Suppe.

Variante: Man kann auch das Gemüse kleingeschnitten mitkochen und alles zusammen servieren.

Vorbereitung: ca. 20 Minuten
Garzeit: ca. 120 Minuten

Bouillabaisse borgne/Aigo-sau-diou (mit porchierten Eiern)

Warum diese Bouillabaisse „borgne" (=einäugig) heißt, werden Sie spätestens bei der Zubereitung erkennen!

Zutaten
1 Stange Lauch in Scheiben
1 Zwiebel in Scheiben
4 Eßl. Olivenöl
2 Tomaten, gehäutet, gehackt
3-4 Knoblauchzehen, mit etwas Salz mit der Gabel zerdrückt
den grünen Teil einer Fenchelknolle
1 großes Bouquet garni, mit Küchengarn zusammengebunden (2 Zweige Thymian, 1 Lorbeerblatt, 2 Zweige Petersilie, 1 Scheibe Sellerie oder 1 Selleriegrün)
Schale von 1/2 Orange, ungespritzt, abgewaschen
Salz, Pfeffer
1 Messerspitze Safran
1 l Wasser
500 g Kartoffeln, festkochende, in dünne Scheiben geschnitten
1 Baguette, in Scheiben geschnitten
1 Bund gehackte Petersilie

Zubereitung
Lauch und Zwiebel in Öl andünsten, Genüse, Kräuter und Orangenschale beigeben und mit Wasser auffüllen. Salzen, pfeffern, Safran beigeben, kurz umrühren und die Kartoffeln

zugeben. 30 Minuten kochen lassen. Bouquet garni und Orangenschale entfernen, Suppenterrine mit Brotscheiben auslegen und heiße Brühe darübergießen. Kartoffeln in eine andere Schüssel geben, alles mit Petersilie überstreuen.

Vorbereitung: ca. 30 Minuten
Garzeit: ca. 30 Minuten

Dazu serviert man in der Provence pochierte Eier:

Zutaten
1 l Wasser
1 Eßl. Salz
1 Eßl. Essig
1-2 Eier pro Person (Frische der Eier ist wichtig!)

Zubereitung
Wasser mit Salz und Essig sprudelnd aufkochen lassen. Die aufgeschlagenen Eier vorsichtig nacheinander von einem Löffel in das nicht mehr kochende Wasser gleiten lassen. Hitze reduzieren und 3-4 Minuten pochieren lassen. Mit Schaumlöffel herausholen und auf einen Teller legen, der mit Olivenöl ausgestrichen worden ist.

Vorbereitung: ca. 5 Minuten
Garzeit: ca. 5 Minuten

Saucen

Aïoli/Ailloli

In Verbindung mit Stockfisch ist Aïoli ein „Nationalgericht" der Provence.

Zutaten
15 Knoblauchzehen
2 Eigelbe
1/2 l Olivenöl
Zitronensaft
Salz
Pfeffer

Zubereitung
Die Knoblauchzehen zerdrücken und mit den Eigelben vermengen, etwas salzen. Unter ständigem Rühren das zimmerwarme Olivenöl hineinträufeln. Zum Schluß etwas Zitronensaft hinzugeben und mit Salz und Pfeffer abschmecken. Falls die Aïoli zu dick wird, kann sie mit wenig warmem Wasser verdünnt werden. Sollte sie gerinnen, kann man sie so retten: In einer anderen Schüssel eine weitere Knoblauchzehe zerdrücken, mit etwas Salz, einem Tropfen Wasser und einem weiteren Eigelb vermengen und nach und nach die Aïoli dazugeben.

Zubereitung: ca. 15 Minuten

Provenzalische Tomatensauce

Zutaten

1 Dose geschälter Tomaten (500 g)
2 Eßl. Kerbel
2 Eßl. Petersilie, kleingehackt
1 Eßl. Estragon
2 Korianderkörner
Olivenöl
Salz
Pfeffer
3 zerdrückte Knoblauchzehen

Zubereitung

Alle Zutaten zusammen in einem Topf 1/2 Stunde kochen und in einer Saucière servieren.

Vorbereitung: ca. 10 Minuten
Garzeit: ca. 30 Minuten

Anchovis-Sauce

Zutaten
ca. 10 Anchovis
Olivenöl
Pfeffer
Weinessig
1 Knoblauchzehe

Zubereitung
Die Anchovis ausnehmen, entgräten und säubern und in einen Topf geben. Mit Olivenöl übergießen und bei kleiner Flamme kochen, bis sich eine Sauce bildet. Die zerdrückte Knoblauchzehe, etwas Weinessig und Pfeffer unterrühren und z. B. zu Rohkostplatten wie Tomaten, Artischocken, Käse oder hartgekochten Eiern servieren.

Vorbereitung: ca. 15 Minuten
Garzeit: ca. 10 Minuten

Tapenade

Zutaten
1 kg schwarze entkernte Oliven
100 g Kapern
20 Anchovis in Öl
Pfeffer
weiche Butter

Zubereitung
Die Oliven in einem Mixer pürieren. Kapern und Anchovis hinzufügen, pfeffern (nicht salzen - die Anchovis enthalten genügend Salz) und gut verrühren.
Diese Sauce läßt sich gekühlt gut frischhalten. Vor der Verwendung der Tapenade als Füllung für hartgekochte Eier oder Toastbelag wird etwas weiche Butter beigemengt.

Vorbereitung: ca. 15 Minuten

Vorspeisen

Oeufs aux anchois

Diese Vorspeise dient durchaus, zusammen mit Brot gereicht, als kleine eigenständige Mahlzeit.

Zutaten
4 Eier, hartgekocht
3 Schalotten, sehr fein gehackt
2 große Tomaten, klein geschnitten, entkernt
8 Anchovisfilets
1 Teel. Estragon
2 Knoblauchzehen, gepreßt
Zitronensaft
Salz
Pfeffer
1 Eßl. Olivenöl zum Braten

Zubereitung
Die Eier der Länge nach halbieren und das Eigelb herausnehmen. Schalotten und Tomaten ca. 10 Minuten in Olivenöl leicht andünsten, salzen und pfeffern, Estragon, Knoblauch und Eigelb hinzufügen und solange leicht kochen lassen, bis die Flüssigkeit verdunstet ist. Alles gut mit Zitronensaft beträufeln und durch ein Sieb streichen. Die Masse in die Eihälften füllen und mit den Anchovisfilets garnieren.

Vorbereitung: ca. 15 Minuten
Garzeit: ca. 20 Minuten

Pissaladière

Die fabrikmäßig angefertigte Pissaladière, wie sie z. B. in der Altstadt von Nizza von unzähligen Bäckereien angeboten wird, hat wenig gemein mit der echten Pissaladière, außer vielleicht, daß sie mit gebackenen Zwiebeln belegt ist und daß man mit ein wenig Glück eine Spur von Anchois darin findet.
Es ist durchaus nichts dagegen einzuwenden, Pissaladière mit knusprigem Pastetenteig anstelle von Pizzateig zuzubereiten. Im Gegenteil, das ist eine köstliche Varation für eine kalte Vorspeise.

Zutaten für 4 Personen
125 g Mehl
60 g harte Margarine oder halb und halb Margarine und Speck
Salz
6 große Zwiebeln, kleingeschnitten
12 schwarze Oliven
12 Anchovisfilets
4 Eßl. Olivenöl

Zubereitung
Mehl mit Salz mischen, das Fett hineinschneiden und den Teig kneten, bis er krümelig wird. Mit etwas Wasser binden und zu einer Kugel kneten, die nicht mehr kleben darf. Den Teig ausrollen und in eine gefettete Backform legen. Den Rand etwas erhöhen. Die Zwiebeln in Öl ca. 20 Minuten dünsten, jedoch nicht zu braun werden lassen. Abkühlen lassen.

Foto:
Thunfisch/Tomaten-Salat
Rezept siehe S. 53

Den Teig in der Backform mit einer Gabel mehrfach einstechen, die Zwiebeln darauf verteilen und die Anchovis so arrangieren, daß sie ein Gitter bilden. Zuletzt die Oliven darauflegen. Ca. 30 Minuten bei mittlerer Hitze im Ofen backen.

Vorbereitung: ca. 45 Minuten
Garzeit: ca. 50 Minuten

Salate

Salade Niçoise

Salade Niçoise zählt wohl auch bei uns zu den bekannteren Salaten. Leider wurde das Rezept im Laufe der Zeit oftmals sehr abgeändert, so daß das Originalrezept oft wenig Ähnlichkeit mit seinen Nachfolgern hat. Es gehören z. B. ursprünglich weder gekochte Gemüse noch Kopfsalat hinein! Als Unterlage sind jedoch 1 oder 2 Salatblätter erlaubt.

Zutaten
Salatblätter
Thunfisch, aus der Dose
Anchovisfilets
Tomaten
Eier, hartgekocht

evtl.:
zarte junge Bohnenkerne
Salatgurke, in feine Scheiben geschnitten
schwarze Oliven

Für die Sauce:
Olivenöl, mit Salz und Pfeffer angemacht
evtl. auch etwas Weinessig

Zubereitung
Eine große Schüssel (oder mehrere Portionsschälchen) mit

Salatblättern auslegen. Darauf den zerpflückten Thunfisch, die kleingehackten Anchovisfilets und die Oliven verteilen. Mit geviertelten Tomaten (nicht in Scheiben!) und geviertelten Eier garnieren. Mit etwas Sauce übergießen.

Zubereitung: ca. 30 Minuten

Mireille/Mirèio

Mireille ist ein traditioneller Salat, der Ostern zur Hammelkeule serviert wird.

Zutaten
1 Kopfsalat
Olivenöl
3 Knoblauchzehen
Essig
3 Anchovis-Filet
2 hartgekochte Eier
Salz
Pfeffer

Zubereitung
Die gewaschenen und mundgerecht gezupften Salatblätter mit den zerdrückten Knoblauchzehen und Olivenöl anmachen, salzen und pfeffern. Die kleingeschnittenen Anchovis-Filets hinzugeben, einen Schuß Essig beimengen und zum Schluß die in Scheiben geschnittenen Eier daruntermischen.

Zubereitung: ca. 20 Minuten

Salade au Thon et à la Tomate (Thunfisch/Tomaten-Salat)

Zutaten
2 Dosen Thunfisch (natur)
3 Tomaten
1 kleine Dose Mais
2 Eßl. Olivenöl
2 Knoblauchzehen
1 Teel. Estragon
1 Teel. Essig
Salz
Pfeffer

Zubereitung
In einer großen Schüssel Olivenöl, Essig, die zerdrückten Knoblauchzehen, Estragon, Salz und Pfeffer vermischen. Abwechselnd Thunfischstücke und Mais beifügen und vorsichtig unterrühren. Als Abschluß mit Tomatenvierteln garnieren.

Zubereitung: ca. 15 Minuten

(siehe Foto gegenüber S. 47)

Tintenfischsalat

Zutaten
500 g kleine Tintenfische (oder kleine Kraken)
1/4 l Weißwein
1 Zwiebel, in dünnen Scheiben
Petersilie
1 Lorbeerblatt
1 Karotte, in dünnen Scheiben
Salz
Pfeffer
1 kg kleine runde Kartoffeln

Zubereitung
Die Tintenfische in einer kalten Mischung aus halb Wasser und halb Weißwein mit Salz, Pfeffer, Zwiebel, Karotte, Lorbeerblatt und Petersilie zum Kochen bringen und ca. 7 Minuten darin sieden (Kraken 1 Stunde). Die Tintenfische bzw. Kraken sollten weich sein. Inzwischen die Kartoffeln kochen und kalt stellen.
Eine tiefe Schüssel mit den Kartoffeln auslegen und darauf die Tintenfische bzw. Kraken geben. Mit der im folgenden Rezept beschriebenen Sauce (Sauce zu Tintenfischsalat) übergießen und kalt servieren.

Vorbereitung: ca. 30 Minuten
Garzeit: ca. 30 Minuten

Sauce zu Tintenfischsalat

Zutaten
1 Eßl. Olivenöl
2 Eßl. Fischbrühe
Zitronensaft
gehackte Kräuter

Zubereitung
Alle Zutaten miteinander verrühren und die Sauce über die Tintenfische gießen.

Gemüsegerichte

Die Fülle der Gemüsegerichte spiegelt wider, daß die Provence der Hauptlieferant für Gemüse und Obst in Frankreich ist.

Gemüsetopf/Terrine de légumes

Zutaten
3 Stangen Lauch
1 Zwiebel
3 Kartoffeln
100 g gepökelter Schweinebauch
Pfeffer
Salz
1 Lorbeerblatt
1 Eßl. Thymian
2 Karotten
2 Eßl. Olivenöl
2 Knoblauchzehen

Zubereitung
Den Schweinebauch mit der kleingeschnittenen Zwiebel und den in Scheiben geschnittenen Karotten in einem Schmortopf in Olivenöl anschmoren. Die fein geschnittenen Kartoffeln und das in Scheiben geschnittene Lauch hinzugeben, salzen und pfeffern, Lorbeer, Thymian und gehackten Knoblauch hinzufügen und mit Wasser aufgießen. Im Backofen bei 200 °C (Elektro-Ofen) ca. 1 Stunde garen.

Vorbereitung: ca. 15 Minuten
Garzeit: ca. 15 Minuten

Kichererbsen

Dieses Rezept ist ein ideales Winter-Gericht, in dem nach Belieben auch eine Schweinshaxe mitgekocht werden kann.

Zutaten
250 g Kichererbsen
1 Eßl. Mehl
Salz
Pfeffer
1 Teel. Essig
1 Eßl. Olivenöl
Petersilie
2 Zwiebel

Zubereitung
Die Kichererbsen mit Wasser bedeckt am Vorabend einweichen. Am nächsten Tag eventuell etwas Wasser hinzugießen und 30 Minuten kochen.
Eine Mehlschwitze aus Olivenöl, Mehl, Salz, Pfeffer, Essig und den kleingeschnittenen Zwiebeln herstellen, unter Zugabe eines Glases Kochwasser. In die Suppe unterrühren und nochmals aufkochen lassen.
Die Erbsen mit kleingeschnittener Petersilie bestreut servieren.

Vorbereitung: ca. 30 Minuten
Garzeit: ca. 40 Minuten

Moussaka provenzalisch/ Moussaka à la provençale

Zutaten
1 kg Auberginen
1 kg Tomaten
600 g gehacktes Rindfleisch
200 g Zwiebeln
3 Eßl. Olivenöl
1 Bouquet garni
4 Knoblauchzehen

Zubereitung
Die in feine Scheiben geschnittenen Zwiebeln in Öl andünsten, das grob gehackte Fleisch hinzufügen und schmoren lassen. Die Auberginen schälen, in kleine Stücke schneiden und in etwas Öl zusammen mit den enthäuteten Tomaten, den gepreßten Knoblauchzehen und dem Bouquet garni in einem separaten Topf kochen. Das Fleisch und die Zwiebeln dazugeben und auf kleiner Flamme 15-20 Minuten weiter schmoren lassen. Zum Überbacken das Ganze in eine gefettete Auflaufform füllen und im Ofen bei etwa 200 °C überbacken.

Vorbereitung: ca. 20 Minuten
Garzeit: ca. 30 Minuten

Kartoffeln, überbacken/ Gratin de pommes de terre

Zutaten
1 kg Kartoffeln
300 g Zwiebeln
200 g Karotten
3 Knoblauchzehen
3 Eßl. Olivenöl
Salz
Pfeffer
1 Eßl. Thymian

Zubereitung
Die Zwiebeln und Karotten in einer Auflaufform in Olivenöl goldgelb anschmoren. Die in feine Scheiben geschnittenen Kartoffeln, Salz, Pfeffer, Thymian und Knoblauch hineinschichten, mit Wasser aufgießen. Im Backofen bei 250 °C (Elektro-Ofen) backen. Sehr heiß, mit Olivenöl beträufelt, servieren.

Vorbereitung: ca. 20 Minuten
Garzeit: ca. 30 Minuten

(siehe Foto gegenüber S. 63)

Kartoffeltopf, provenzalisch/ Tian de pommes de terre à la provençale

Bei diesem Gericht kann das Lammfleisch auch durch Schweinefleisch ersetzt werden.

Zutaten für 6 Personen
1,2 kg Kartoffeln
250 g Zwiebeln
3 Eßl. Olivenöl
500 g Tomaten
2 Knoblauchzehen
1 Teel. Thymian
1 Teel. Majoran
2 Lorbeerblätter
Salz
Pfeffer
600 g Lammfleisch

Zubereitung
Die kleingeschnittenen Zwiebeln und das kleingeschnittene Lammfleisch in Öl andünsten. Die Tomaten enthäuten, schneiden und den Zwiebeln zufügen, salzen und pfeffern und 20 Minuten schmoren. Die Kartoffeln schälen, waschen, in feine Scheiben schneiden und trocknen. Eine gefettete Backform mit einer Schicht Kartoffeln auslegen und mit gepreßtem Knoblauch und Thymian überstreuen. Darüber die Tomatensauce verteilen und darauf eine weitere Schicht Kartoffeln mit Lammfleisch legen. 2 Lorbeerblätter hinzugeben.

Im Ofen 1 Stunde bei 250 °C (Elektro-Ofen) backen und zum Ende hin noch einige Minuten bei starker Oberhitze überbacken.

Vorbereitung: ca. 30 Minuten
Garzeit: ca. 80 Minuten

Kräuterkuchen/Tarte aux herbes

Tarte aux herbes ist *der* typische Kräuterkuchen der Provence!

Zutaten

Für den Kuchenteig:
150 g Mehl
etwas Hefe
4 Eßl. Öl
etwas Wasser

Für die Auflage:
2 große Zwiebeln
600 g Mangold
12 Blätter Sauerampfer
8 Salatblätter (Endivien oder Eissalat)
1 Eßl. Thymian
1 Teel. Rosmarin
Olivenöl
Salz
Pfeffer

Zubereitung

Mangold mit Salatblättern in kochendem Salzwasser ca. 3 Minuten blanchieren. Kleingeschnittene Zwiebeln in 2 Eßl. Öl andünsten, den gehackten Sauerampfer hinzufügen, salzen und pfeffern, anschließend Mangold und Salatblätter hinzugeben. Das Ganze kurz kochen lassen.

Das Mehl in eine Schüssel geben, in die Mitte eine Mulde drücken, die übrigen Teig-Zutaten in die Mulde geben und alles zu einem Teig verkneten. Den ausgerollten Teig in einer gefetteten Backform ausbreiten und mit dem Gemüse belegen, Thymian hinzugeben und mit Olivenöl beträufeln. Variante: Man kann auch noch etwas geriebenen Käse und ein geschlagenes Ei hinzugeben. Im Backofen 20 Minuten bei 200 °C (Elektro-Ofen) backen.

Vorbereitung: ca. 30 Minuten
Garzeit: ca. 25 Minuten

Zwiebelkuchen/Tarte à l'oignon

Zutaten für 6 Personen

Für den Kuchenteig:
250 g Mehl
5 Eßl. Öl
etwas Wasser
Salz

Für die Auflage:
1 kg Zwiebeln
2 Eßl. Olivenöl
1 Ei
5 Eßl. Milch
geriebene Muskatnuß
Salz

Zubereitung
Das Mehl in eine Schüssel geben, in die Mitte eine Mulde drücken, die übrigen Teig-Zutaten in die Mulde geben und alles zu eienm Teig verkneten. Den Teig zu einer Kugel formen und 20 Minuten ruhen lassen.
In einer Pfanne die in feine Scheiben geschnittenen Zwiebeln mit Olivenöl andünsten. Mit wenig Wasser 20 Minuten köcheln lassen. Nach der Garzeit salzen, etwas geriebene Muskatnuß, 1 Ei und etwas Milch hinzugeben.
Den ausgerollten Teig in einer ausgefetteten Backform ausbreiten und die Zwiebelmasse darauf verteilen. Im Backofen 20 Minuten backen.

Foto:
Kartoffeln, überbacken
Rezept siehe S. 59

Zubereitung
Die Zwiebeln und Karotten in einer Auflaufform in Olivenöl goldgelb anschmoren. Die in feine Scheiben geschnittenen Kartoffeln, Salz, Pfeffer, Thymian und Knoblauch hineinschichten, mit Wasser aufgießen. Im Backofen bei 250 °C (Elektro-Ofen) backen. Sehr heiß, mit Olivenöl beträufelt, servieren.

Vorbereitung: ca. 20 Minuten
Garzeit: ca. 30 Minuten

Variante: statt Ei und Milch schwarze Oliven und Anchovisfilets hinzufügen.

Vorbereitung: ca. 30 Minuten
Garzeit: ca. 40 Minuten

Artischocken provenzalisch/ Artichauts à la provençale

Zutaten für 6 Personen
6 kleine violette Artischocken
150 g gepökelter Schweinebauch
100 g Zwiebeln
Saft von 1 Zitrone
1 Zweig Thymian
1 Lorbeerblatt
Salz
Pfeffer

Zubereitung
Die Blätter am Boden der Artischocken wegschneiden, Artischocken halbieren, das Innere mit einem Löffel entfernen und mit Zitronensaft einreiben.
Die Zwiebeln mit dem Schweinebauch kurz anschmoren, die Artischocken und Gewürzkräuter hinzufügen, salzen und pfeffern, 45 Minuten auf kleiner Flamme kochen. Man kann auch etwas Weißwein beigeben. Dieses schmackhafte Gericht kann heiß oder auch kalt serviert werden.
Man kann auch noch hinzufügen: Karotten, Kartoffeln oder/und Tomaten.

Vorbereitung: ca. 15 Minuten
Garzeit: ca. 45 Minuten

Auberginen provenzalisch/ Aubergines à la provençale

Dieses Gericht kann im Sommer auch kalt gegessen werden. Als Beilage paßt Fleisch oder ein Omelett.

Zutaten
1 kg Tomaten
2 Zwiebeln
4 Knoblauchzehen
1 Eßl. Basilikum
1 Teel. Rosmarin
2 Eßl. Olivenöl
100 g gepökelter Schweinebauch
1 kg Auberginen
Salz
Pfeffer

Zubereitung
Zwiebeln und Knoblauch in feine Scheiben schneiden und in Öl andünsten. Schweinebauch, Gewürze und die geschnittenen Tomaten hinzufügen und weiterschmoren. Nach 10 Minuten die geschälten und geschnittenen Auberginen dazugeben und zugedeckt weitere 45 Minuten schmoren.

Vorbereitung: ca. 15 Minuten
Garzeit: ca. 45 Minuten

Auberginen in Essig/Aubergines au vinaigre

Dieses Auberginengericht ist eine beliebte Vorspeise, eignet sich aber auch als Beilage, z. B. zu Lammfleisch.

Zutaten
8-10 kleine Auberginen
Salz
1,5 l Weinessig
5-6 Pfefferkörner
6 Knoblauchzehen
3 grüne Paprikaschoten, kleingeschnitten
1 Eßl. Basilikum
Olivenöl

Zubereitung
Am Abend vorher die Auberginen in große Würfel schneiden, salzen und in einem Sieb entwässern lassen (siehe „Kleines Küchen-ABC"). Gut abtropfen lassen. Am anderen Tag den Essig erhitzen, die Auberginen hineingeben und 20 Minuten leicht aufwallen lassen. Wenn die Auberginen weich sind, erkalten lassen und abtropfen lassen.
In ein Einmachglas den geschälten Knoblauch, die in Streifen geschnittenen Paprikaschoten, die Auberginen und die Pfefferkörner hineingeben und mit Olivenöl bedecken. Einen Tag später noch etwas Olivenöl hinzufügen.
Das Ganze mindestens 1 Monat einwirken lassen.

Vorbereitung: (ohne Einwirkzeit) ca. 20 Minuten
Garzeit: ca. 25 Minuten

Spargelpastete/Tourtes aux asperges

Zutaten für 5 Personen
1 kg Spargel
200 g gepökelter Schweinebauch
150 g geriebener Käse
Mehl
Muskatnuß
Salz
Pfeffer
ca. 800 g Blätterteig (Tiefkühlpackung)

Zubereitung
Spargel in Salzwasser kochen, den in Stücke geschnittenen Schweinebauch anschmoren. Etwas Mehl mit Spargelwasser anrühren, den angeschmorten Schweinebauch hineinlegen, mit etwas geriebener Muskatnuß, Salz und Pfeffer würzen und den Spargel hinzugeben. Man kann auch etwas angeschmorte Zwiebel hinzufügen. Blätterteig nach Packungsanweisung auftauen und ausrollen. Die eine Hälfte des Blätterteigs auf einer eingefetteten Kuchenform auslegen und darauf den zubereiteten Spargel und Schweinebauch zusammen mit geriebenem Käse verteilen.

Das Ganze mit der anderen Hälfte des Blätterteigs bedecken und 45 Minuten 200 °C (Elektro-Ofen) backen.

Vorbereitung: ca. 30 Minuten
Garzeit: ca. 70 Minuten

Grünkohl mit Tomaten/Chou à la tomate

Zutaten

1 Grünkohl
2 Zwiebeln - grob gehackt
2 Knoblauchzehen
4 Speckschwartenwürstchen (oder Mettwürstchen)
1 kg Tomaten (oder 1 Dose geschälte Tomaten)
2 Eßl. Olivenöl
Salz
Pfeffer

Zubereitung

Den Kohl waschen und in Salzwasser blanchieren. Inzwischen die Zwiebeln, den Knoblauch und die in Scheiben geschnittenen Würstchen kurz in Olivenöl anbraten. Die Tomaten hinzufügen, würzen und auf kleiner Flamme schmoren.
Den Kohl gut abtropfen lassen, in große Stücke schneiden, mit der Würstchenmischung vermengen und im Ofen bei 200 °C (Elektro-Ofen) noch 20 Minuten backen.

Vorbereitung: ca. 30 Minuten
Garzeit: ca. 30 Minuten

Blätterteig gefüllt mit Spinat

Spinat einmal ganz anders:

Zutaten
1 kg Spinat
100 g Champignons
6 Schinkenscheiben
4 Eier
100 g geräucherter Speck
25 cl Sahne
50 g Butter
Salz
Pfeffer
ca. 800 g Blätterteig (Tiefkühlpackung)

Zubereitung
Den gut gewaschenen Spinat etwa 3-5 Minuten sieden, abtropfen lassen und auspressen. Den feingehackten Speck in Butter anbacken und den Spinat hinzufügen, mit Butter verfeinern. Sahne mit Pfeffer verquirlen. 3 Eier hart kochen, die Schinkenscheiben kleinhacken. Den Blätterteig nach Packungsanweisung auftauen und ausrollen.
Blätterteig auf eine mit Butter ausgestrichene Backform auslegen und die Hälfte des Spinats, die hartgekochten Eier, die in dünne Scheiben geschnittenen Champignons und den kleingehackten Schinken darauf verteilen. Mit der zweiten Hälfte des Spinats bedecken und die gesamte Füllung mit dem Blätterteig umschließen.

Blätterteig mit Eigelb bestreichen und 45 Minuten bei ca. 200 °C (Elektro-Ofen) backen.

Vorbereitung: ca. 45 Minuten
Garzeit: ca. 60 Minuten

Kürbis mit Kartoffeln, überbacken
Gratin de potiron et pommes de terre

Was in einem simplen Kürbis alles steckt, schmeckt man bei diesem und beim folgenden Kürbisgericht.

Zutaten
2 kg Riesenkürbis
400 g Kartoffeln
4 Eier
60 g Käse (Mozarella)
Salz
Pfeffer
geriebene Muskatnuß
3 Knoblauchzehen
2 Eßl. Olivenöl
Lorbeerblatt

Zubereitung
Den Kürbis putzen und schneiden und mit etwas Knoblauch in Salzwasser kochen. Inzwischen die Kartoffeln schälen und in sehr feine Scheiben schneiden. Den Kürbis abtropfen lassen, pürieren und erkalten lassen. Die aufgeschlagenen Eier mit der Kürbismasse vermengen und die Kartoffelscheiben hinzugeben. Das Ganze in eine eingeölte Backform geben, salzen und pfeffern, mit etwas Muskat würzen und ein Lorbeerblatt hinzugeben. Mozarella in feine Scheiben schneiden und darüberlegen. Im Backofen bei 250 °C (Elektro-Ofen) 15-20 Minuten überbacken.

Vorbereitung: ca. 30 Minuten
Garzeit: ca. 30 Minuten

Kürbistopf/Tian de courge

Zutaten für 6 Personen

1 Kürbis (ca. 2 kg)
3/4 Liter Milch
3 Eier
100 g geriebener Käse
geriebene Muskatnuß
Salz
Pfeffer
3 Knoblauchzehen
150 g geriebene Semmel oder Paniermehl
2 Eßl. Öl

Zubereitung

Den Kürbis putzen und in kleine Stücke schneiden. Inzwischen Milch, gewürzt mit Salz, Pfeffer und Muskat, zum Kochen bringen. Den Kürbis in die kochende Milch geben und 7-10 Minuten kochen. Kürbis herausnehmen und mit einer Gabel zerdrücken, die Milch aufbewahren. Die Eier schlagen und mit dem Kürbis vermengen. Paniermehl bzw. geriebene Semmel mit der Milch, dem geriebenen Käse und dem zerdrückten Knoblauch vermengen und alles mit dem Kürbispürée vermengen.
In eine Auflaufform füllen, mit Paniermehl bestreuen und mit Olivenöl beträufeln. Im Ofen bei ca. 200 °C überbacken, bis sich die Oberfläche goldgelb färbt.

Vorbereitung: ca. 20 Minuten
Garzeit: ca. 20 Minuten

Zucchini mit Reis/Courgettes au riz

Zutaten

100 g gepökelte Rinderbrust
1 kg Zucchini
200 g Zwiebeln
80 g Reis
1 Ei
40 g geriebener Käse
2 Knoblauchzehen
1 Eßl. Basilikum
Petersilie
Salz
Pfeffer
Lorbeer
2 Eßl. Olivenöl

Zubereitung

Das in kleine Stücke geschnitte Brustfleisch mit den in Scheiben geschnittenen Zwiebeln kurz in Öl anschmoren. Die geschälten und geschnittenen Zucchini hinzufügen sowie den gepreßten Knoblauch, Petersilie, Lorbeer und den Reis mit Wasser. 20 Minuten sanft kochen lassen.
Nach dem Garen in eine Auflaufform füllen, Ei und Käse miteinander verquirlen und darübergießen. Zum Schluß alles im Ofen bei ca. 200 °C (Elektro-Ofen) überbacken.

Vorbereitung: ca. 20 Minuten
Garzeit: ca. 30 Minuten

Überbackene Zucchini/Gratin de courgettes

Zutaten
1 kg Zucchini
100 g Zwiebeln
2 Knoblauchzehen
2 Eier
50 g geriebener Käse
2 Eßl. Olivenöl
1 Teel. Oregano
Pfeffer

Zubereitung
Die kleingeschnittenen Zwiebeln in Olivenöl andünsten und dann die in Scheiben geschnittenen Zucchini, den gepreßten Knoblauch, das Salz, Oregano und Pfeffer hinzufügen. Auf kleiner Flamme 40 Minuten schmoren.
Die Mischung in eine ausgefettete Auflaufform füllen, die Eier aufschlagen, mit Käse verquirlen und hinzugeben. Im Ofen 20 Minuten bei ca. 200 °C (Elektro-Ofen) backen.

Vorbereitung: ca. 20 Minuten
Garzeit: ca. 65 Minuten

Zucchini-Topf/Terrine de courgettes

Zutaten
1 kg Zucchini
3 Knoblauchzehen
1 Tasse geriebener Ziegenkäse
1 Teel. Basilikum
1 Teel. Majoran
Salz
Pfeffer
4 Tomaten
3 Eßl. Olivenöl

Zubereitung
Die Zucchini waschen und ungeschält in sehr feine Scheiben schneiden. In eine ausgefettete Backform die Zucchinischeiben mit dem gehackten Knoblauch und den geschnittenen Tomaten schichten. Würzen und zuoberst mit Tomatenscheiben abschließen. Etwas geriebenen Ziegenkäse darüberstreuen und mit Olivenöl beträufeln. Im Ofen bei 200-250 °C (Elektro-Ofen) 45-60 Minuten backen.

Vorbereitung: ca. 15 Minuten
Garzeit: ca. 60 Minuten

Spinat mit Anchovis/Épinards aux anchois

Anchovis sind aus der Küche der Provence nicht wegzudenken. Hier ein typisches Gericht:

Zutaten
1 kg Spinat
2 Stangen Lauch
3 Knoblauchzehen
1 Bund Petersilie
2 Eßl. Olivenöl
5 Anchovis-Filets
etwas geriebene Muskatnuß
Salz
Pfeffer

Zubereitung
Den Spinat gut waschen und abtropfen lassen, den Lauch waschen und in Scheiben schneiden. Die Anchovis schwach in Olivenöl andünsten und den Spinat und den Lauch hinzufügen, salzen und pfeffern, etwas Wasser dazugießen und leicht köcheln lassen, nach kurzer Zeit den fein geschnittenen Knoblauch dazugeben.
10-15 Minuten kochen und zum Schluß die Petersilie hineinstreuen. Man kann das Gericht dann servieren oder noch im Backofen einige Zeit überbacken.
Variante: Zu dem Spinat eine Handvoll Reis hinzugeben und mitkochen lassen.

Vorbereitung: ca. 20 Minuten
Garzeit: ca. 20 Minuten

Spinat mit Muscheln/Épinards aux clovisses

Zutaten
1,5 kg Spinat
600 g Muscheln
2 große Zwiebeln
4 Knoblauchzehen
Petersilie
3 Eßl. Olivenöl
Bouillon oder Brühwürfel
Essig

Zubereitung
Die Muscheln in einer Bouillon (Brühwürfel) mit Essigwasser 45 Minuten kochen lassen, bis die Muscheln sich öffnen. Den Spinat gut waschen, abtropfen lassen und kleinhacken. In einem Topf die Zwiebeln mit Knoblauch und Petersilie in Olivenöl andünsten und den Spinat hinzugeben, salzen und pfeffern. Wenn der Spinat fast gar ist, die Muscheln dazugeben und das Ganze im Ofen bei ca. 200 °C (Elektro-Ofen) 15 Minuten backen.

Vorbereitung: ca. 20 Minuten
Garzeit: ca. 60 Minuten

Bohémienne

Die Bohémienne ist ein Original-Gericht der Zigeuner.

Zutaten für 5 Personen
1 kg Auberginen,
1 kg Tomaten,
4 Knoblauchzehen,
3 Eßl. Olivenöl
1 Teel. Rosmarin
1 Eßl. Thymian
3 Anchovisfilets
Mehl
Paniermehl

Zubereitung
Die in Scheiben geschnittenen Auberginen mit den enthäuteten und entkernten Tomaten in Olivenöl andünsten. Die gepreßten Knoblauchzehen, den Rosmarin und Thymian hinzufügen und 45 Minuten bedeckt kochen. Die Anchovis in etwas Öl andünsten, Mehl in Wasser anrühren und zu den Anchovis geben. Alles zusammen unter das Gemüse mengen.
In eine gefettete Backform füllen, mit Paniermehl bestreuen und im Ofen überbacken.

Vorbereitung: ca. 30 Minuten
Garzeit: ca. 60 Minuten

Ratatouille

Ratatouille, ein vielseitiger Gemüsetopf, ist in jeder Variation *das* Gemüsegericht der Provence schlechthin!

Zutaten
Olivenöl
4 reife Tomaten
4 Kürbisse
2 Zwiebeln
2 Paprikaschoten
4 Auberginen
6 Knoblauchzehen
1 Eßl. Basilikum
1 Teel. Majoran
Salz
Pfeffer

Zubereitung
Die Zwiebeln in dünne Scheiben schneiden und in Olivenöl in einer Schmorpfanne andünsten. Die Auberginen und Kürbisse würfeln, in einer separaten Pfanne in Olivenöl andünsten und danach mit den kleingeschnittenen Paprikaschoten unter die Zwiebeln mischen. Die kleingeschnittenen Tomaten, den zerdrückten Knoblauch und die Gewürze hinzufügen, salzen und pfeffern, etwas Olivenöl hinzugeben und zugedeckt 1 bis 2 Stunden kochen lassen. Zwischendurch umrühren.

Vorbereitung: ca. 40 Minuten
Garzeit: ca. 60-120 Minuten

Winter-Ratatouille/Ratatouille d'hiver

Das klassische Wintergericht, wenn es draußen Stein und Bein friert, ist die Winter-Ratatouille.

Zutaten
400 g Mangold (weiß und grün)
300 g Karotten
2 Zwiebeln
100 g Tomatenmark
6 Tomaten
1 Teel. Basilikum
1 Teel. Majoran
1 Teel. Rosmarin
Salz
Pfeffer
2 Eßl. Olivenöl

Zubereitung
Die kleingeschnittenen Zwiebeln in Olivenöl andünsten. Das in große Stücke geschnittene Gemüse und das Tomatenmark hinzufügen. mit den Gewürzen abschmecken, mit etwas Wasser angießen und 1 Stunde schmoren lassen.

Vorbereitung: ca. 30 Minuten
Garzeit: ca. 60 Minuten

Ratatouille im Backofen
Ratatouille au four

Zutaten

300 g Auberginen
300 g Zucchini
300 g Zwiebeln
600 g reife Tomaten
6 Knoblauchzehen
gehackte Petersilie
4 Eßl. Olivenöl
1 Eßl. Thymian
1 Lorbeerblatt

Zubereitung

Die enthäuteten und entkernten Tomaten mit Lorbeer, Thymian und 6 zerdrückten Knoblauchzehen zu Tomatenmus verarbeiten. Auberginen und Zucchini schälen und in Stücke schneiden. In einem Schmortopf die gehackten Zwiebeln in Olivenöl goldbraun anschmoren. Die Zwiebeln herausnehmen und die Auberginen goldgelb anschmoren. Auch diese dann herausnehmen und danach die Zucchini anschmoren. Nun die Zwiebeln und Auberginen wieder hineingeben, alles miteinander mischen, salzen und pfeffern und 10-15 Minuten bei kleiner Hitze köcheln lassen.

Das Gemüse in eine Backform füllen, eine gehackte Knoblauchzehe hinzugeben, mit dem Tomatenmus bedecken und im Backofen bei ca. 200 °C (Elektro-Ofen) kurze Zeit überbacken.

Vorbereitung: ca. 30 Minuten
Garzeit: ca. 45 Minuten

Mit Schafskäse gefüllte Paprikaschoten

Eine delikate Mischung von herbem Käse und süßlichen Paprikaschoten.

Zutaten
4 rote Paprikaschoten
200 g Schafskäse
2 Eier
100 g in Milch eingeweichtes Weißbrot
3 Knoblauchzehen
Petersilie
Salz
Pfeffer
Olivenöl

Zubereitung
Die Paprikaschoten aushöhlen und entkernen. Schafskäse, gepreßte Knoblauchzehen, kleingehackte Petersilie, in Milch eingeweichtes Weißbrot, 2 Eier, Salz und Pfeffer zu einer Farce vermengen.
Die Paprikaschoten mit der Farce füllen, mit Olivenöl bestreichen und in einem ca. 3 cm hoch mit Wasser gefüllten Topf 30 bis 40 Minuten schmoren.

Vorbereitung: ca. 15 Minuten
Garzeit: ca. 30-40 Minuten

Gebratene Auberginen

Auch gebraten sind Auberginen ein Gedicht!

Zutaten
5 Auberginen
250 g Mehl
1 Teel. Rosmarin
1 Teel. Majoran
1 Teel. Basilikum
Salz
3 Eier
2 Glas Wasser
Olivenöl

Zubereitung
Die Auberginen in Scheiben schneiden, einsalzen und 1 Stunde zum Entwässern liegen lassen (siehe „Kleines Küchen-ABC").
Für die Teigzubereitung 250 g Mehl, Gewürze und etwas Salz, 3 Eier, 2 Eßlöffel Olivenöl mit ca. 2 Glas Wasser zu einem glatten, flüssigen Teig verarbeiten. Die Auberginenscheiben in diesen Teig tauchen und in reichlich heißem Olivenöl ausbacken.

Vorbereitung: ca. 30 Minuten
Garzeit: ca. 15 Minuten

Gebratene weiße Rübchen

Vielfach (zu Unrecht) verpönt, kommen bei diesem Gericht die weißen Rübchen ganz groß heraus.

Zutaten
1 kg weiße Rübchen (mittelgroß)
200 g Butter
1 Eßl. Puderzucker
Muskatnuß
2 Eßl. Mehl
gehackte Petersilie

Zubereitung
Die geschälten weißen Rübchen 2 Minuten blanchieren und gut abtropfen lassen. Das Gemüsewasser aufbewahren. Die Rübchen in eine Kasserolle mit heißer Butter geben, mit Puderzucker bestäuben, salzen, pfeffern, mit etwas Muskatnuß würzen und bei mittlerer Hitze bräunen, dabei mehrmals schwenken.
In einem separaten Topf eine Mehlschwitze aus 1 bis 2 Eßlöffeln Mehl und etwas zerlassener Butter herstellen und mit dem Gemüsewasser aufgießen. Diese gebundene Brühe über die Rübchen gießen, so daß sie bedeckt sind, und bei offenem Topf unter häufigem Rühren kochen. Nach der Garzeit etwas gehackte Petersilie darüberstreuen und servieren.

Vorbereitung: ca. 15 Minuten
Garzeit: ca. 15 Minuten

Fischgerichte

Bedingt durch die Nähe zum Mittelmeer sind Fischgerichte ein Schwerpunkt in der provenzalischen Küche.

Kabeljau-Topf mit Kartoffeln und Lauch
Tian de morue aux pommes de terre et aux poireaux

Der früher als „Arme-Leute-Fisch" verschriene Kabeljau entfaltet in diesem Gericht seine wahre Köstlichkeit.

Zutaten
600 g Kabeljau
800 g Kartoffeln
200 g Zwiebeln
50 g schwarze Oliven
2 Lorbeerblätter
1 Eßl. Estragon
3 Eßl. Olivenöl
4 Stangen Lauch
2 Knoblauchzehen

Zubereitung
Den Kabeljau mit Estragon und den Lorbeerblättern in kochendes Wasser geben und solange kochen, bis er in Stücke zerfällt. Die in feine Scheiben geschnittenen Zwiebeln mit dem feingehackten Knoblauch in Öl anschmoren. Den zerbröckelten Kabeljau, die fein geschnittenen Kartoffeln, die

Oliven und das in Streifen geschnittene und blanchierte Lauch hinzufügen.
Mit etwas Wasser angießen und 5 Minuten bedeckt kochen lassen. In eine feuerfeste Form geben und im Backofen bei ca. 200 °C (Elektro-Ofen) 30 Minuten backen lassen.
Variante: Nach Geschmack können auch noch 3 Eßlöffel Tomatenmark dazugegeben werden.

Vorbereitung: ca. 30 Minuten
Garzeit: ca. 40 Minuten

Sardinen mit Spinat/Sardines aux épinards

Für diejenigen, die Sardinen nur aus der Dose kennen, wird dieses Gericht eine wahre Offenbarung sein.

Zutaten
1 kg Spinat
2 Eßl. Olivenöl
8 Sardinen
3 Knoblauchzehen
Petersilie
100 g gepökelter Schweinebauch
Paniermehl
Salz
Pfeffer

Zubereitung
Die Sardinen ausnehmen, Kopf und Hauptgräte entfernen, spülen und auf Küchenkrepp abtropfen lassen. Den gewaschenen und abgetropften Spinat in einem Topf mit dem fein geschnittenen Knoblauch, Salz und Pfeffer in Olivenöl ca. 10 Minuten dünsten. Den Spinat grob hacken und einen Teil in eine gefettete Backform geben.
Den Schweinebauch in kleine Stücke schneiden und goldgelb anschmoren. Petersilie und den restlichen Spinat daruntermengen und mit dieser Farce die Sardinen füllen. Sardinen am Kopfende beginnend einrollen, so daß die Schwänze zum Schluß in der Luft stehen. Auf den Spinat legen, mit etwas Olivenöl beträufeln und mit etwas Paniermehl

bestreuen. Im Ofen 15-20 Minuten bei 250 °C (Elektro-Ofen) backen und zum Schluß bei starker Oberhitze überbacken.

Vorbereitung: ca. 40 Minuten
Garzeit: ca. 40 Minuten

Auberginen mit Kabeljau/ Aubergines à la morue

Allein schon die Brandade, mit Brot genossen, ist schon eine Köstlichkeit für sich.

Zutaten
4 Auberginen
50 g geriebener Käse

Für die Brandade:
250 g gekochter Kabeljau
4 Knoblauchzehen
200 g Crème fraîche
1 Teel. Salbei
etwas Olivenöl

Zubereitung
Die ungeschälten Auberginen der Länge nach halbieren, aushöhlen und kurz blanchieren. Das Fruchtfleisch in Olivenöl mit zerdrücktem Knoblauch andünsten.
Die Brandade herstellen: Crème fraîche, gepreßten Knoblauch und Salbei mit gekochtem Kabeljau zu einem Mus vermengen. Das gedünstete Fruchtfleisch dazugeben und zu einer Farce mischen. Diese Farce in die Auberginenhälften füllen und mit Käse bestreuen. Die Auberginen in eine Backform legen und im Ofen bei 200 °C (Elektro-Ofen) 20 Minuten backen. Zum Ende der Backzeit noch einige Minu-

ten mit Oberhitze überbacken. Sofort servieren. Als Beilage empfiehlt sich ein Salat.

Vorbereitung: ca. 30 Minuten
Garzeit: ca. 30 Minuten

Auberginen gefüllt mit Anchovis
Aubergines farcies aux anchois

Bei diesem Gericht darf nicht vergessen werden, die Auberginen vorher zu entwässern (siehe „Kleines Küchen-ABC").

Zutaten für 5 Personen
6 Auberginen
6 Anchovis
1 Glas Milch
3 Knoblauchzehen
3 Eßl. Olivenöl
100 g Weißbrot (ohne Kruste)
Salz
Pfeffer

Zubereitung
Die Auberginen in kochendem Wasser garen. Nach dem Garen der Länge nach halbieren und aushöhlen. Die Anchovisfilets mit dem gehackten Knoblauch und dem Fruchtfleisch in Olivenöl anschmoren. Diese Farce mit dem in Milch eingeweichtem Weißbrot vermengen, nach Geschmack salzen und pfeffern und die Auberginenhälften damit füllen. Im Ofen 20 Minuten bei 250 °C (Elektro-Ofen) backen.

Vorbereitung: ca. 20 Minuten
Garzeit: ca. 25 Minuten

Rotbarsch mit Tomaten

Das Originalrezept wird mit einer Dorade zubereitet. Da diese aber recht teuer ist, kann man auch Rotbarsch nehmen.

Zutaten
1 Rotbarsch (2 kg), küchenfertig
50 g Butter
2 Zwiebeln, kleingehackt
1 Dose geschälte Tomaten
1 Glas Weißwein, trocken
2 Eigelb
1 Becher Crème fraîche
2 Knoblauchzehen, gepreßt
1 Teel. Estragon
Zitronensaft
Salz
Pfeffer
Petersilie

Zubereitung
Den ausgenommenen und gesäuberten Fisch mit den Tomaten, Zwiebeln, Knoblauch und den Gewürzen in eine ausgebutterte Auflaufform geben und mit einem Glas Weißwein übergießen, in den vorgewärmten Backofen geben und bei 200 °C 45 Minuten garen.
Danach den Fisch in Alufolie eingepackt warmstellen, den Fischsud in einem Topf kurz aufkochen lassen. Topf vom Herd nehmen und die mit Eigelb verrührte Crème fraîche

behutsam unterrühren. Den Fisch auf eine vorgewärmte Servierplatte legen, mit Zitronensaft beträufeln und mit der Sauce übergießen. Mit gehackter Petersilie bestreut servieren.

Vorbereitung: ca. 30 Minuten
Garzeit: ca. 50 Minuten

Fisch in Blätterteig

Zutaten
1 kg Fisch (Wittling, Kabeljau oder Hecht)
100 g Krabben
3 Eier
200 g Champignons
1 Glas herber Weißwein
30 cl Sahne
Salz
Pfeffer
Muskatnuß
Bouquet garni
200 g gesiebtes Mehl
100 g Butter
2 Eier für die Kruste
einige zuckerhaltige (= eingelegte) Früchte

Zubereitung
Wasser mit Salz, Pfeffer und dem Bouquet garni aufsetzen und den ausgenommenen und gesäuberten Fisch darin sieden. Fisch abtropfen lassen und entgräten. Den Fisch mit Salz, Pfeffer, geriebener Muskatnuß, den gehackten Champignons, geschälten Krabben, drei Eiern, Sahne und Weißwein in einer Küchenmaschine gut vermengen.
Das Mehl mit weicher Butter, Eigelb, etwas Wasser und Salz zu einem Teig verarbeiten und ausrollen. Etwa 2/3 des Teigs auf einer mit Butter ausgefetteten Backform auftragen und die Fischfüllung darauf verteilen. Mit dem restlichen Teig

bedecken und - wenn man mag - zuckerhaltige Früchte in den Teig eindrücken. Mit Eigelb bestreichen und ein Makkaronistück in die Kruste als Verdampfungsloch stoßen. Eine Stunde bei mittlerer Temperatur backen und heiß servieren.

Vorbereitung: ca. 40 Minuten
Garzeit: ca. 60 Minuten

Krebse nach provenzalischer Art

Zutaten
1 kg Krebse
1 Karotte
1 große Zwiebel
Olivenöl
1/2 Glas Cognac
1 Glas herber Weißwein
2 Eßl. Tomatenbrühe
1 Bouquet garni
Salz
Pfeffer
1 Knoblauchzehe
etwas Ingwer
gehackte Petersilie

Zubereitung
Die Zwiebel und die Karotte kleinschneiden und in einer Kasserolle in Olivenöl anschmoren. Die Krebse hineingeben, mit Cognac übergießen und anzünden und während des Flambierens schwenken. Danach das Glas Weißwein, die Tomatenbrühe und das Bouquet garni hinzufügen, pfeffern und salzen und 15 Minuten kochen. Am Ende der Garzeit das Bouquet garni entfernen, die gepreßte Knoblauchzehe, etwas Ingwer und Petersilie beigeben und heiß servieren.

Vorbereitung: ca. 20 Minuten
Garzeit: ca. 20 Minuten

Bourride

Anstelle der genannten Fische kann man auch Kabeljau oder Heilbutt verwenden.

Zutaten
4 Fischscheiben (Quappe, Wolfsbarsch oder Wittling)
1 Zwiebel
Thymian
Fenchel
Lorbeerblatt
Knoblauch
Salz
Pfeffer
4 Scheiben geröstetes Brot
4 gekochte Kartoffeln

Zubereitung
Den Fisch 15 Minuten in einer Brühe mit kleingehackter Zwiebel, Thymian, Fenchel, Lorbeerblatt, Knoblauch, Salz und Pfeffer kochen. Währenddessen die Brotscheiben auf einer tiefen Platte anordnen. Nach der Garzeit die Fischscheiben herausnehmen und warmstellen, die Brotschnitten mit etwas Brühe durchfeuchten. Brühe auf kleiner Flamme rühren, bis eine flüssige und sämige Sauce entsteht.
Die Fischscheiben auf die Brotschnitten legen, mit Kartoffeln umlegen und den Fisch mit der Sauce übergießen.

Vorbereitung: ca. 30 Minuten
Garzeit: ca. 20 Minuten

Muscheln nach seemännischer Art

Zutaten
2 1/2 kg Muscheln
1 Karotte
1 Zwiebel, in feinen Scheiben
2 Knoblauchzehen, gehackt
1 Lorbeerblatt
etwas Petersilie
1 Glas Weißwein
1 Teel. Mehl
Salz
Pfeffer

Zubereitung
Karotte, Zwiebel, Knoblauch, Lorbeerblatt, Petersilie und Weißwein in einen Topf geben, Muscheln gut säubern, waschen und hinzufügen. Alles zusammen in geschlossenem Topf unter gelegentlichem Schwenken 10-15 Minuten kochen. Die geöffneten Muscheln herausnehmen und warmstellen. Geschlossene Muscheln wegwerfen.
Die Muschelbrühe durchseihen und auf die Hälfte einkochen. Mit Mehl binden und mit Salz und Pfeffer abschmecken. Die Muscheln hineingeben und mit etwas Petersilie heiß servieren.

Vorbereitung: ca. 20 Minuten
Garzeit: ca. 15 Minuten

Muscheln mit Eiersauce

Zutaten

2 1/2 kg Muscheln
1 Karotte
1 Zwiebel in feinen Scheiben
1 Lorbeerblatt
1 Teel. Estragon
Petersilie
Butter
2 Eßl. Mehl
2 Eidotter
Zitronensaft
frische Sahne

Zubereitung

Karotte, Zwiebel, Lorbeerblatt, Estragon und Petersilie in einen Topf geben, Muscheln gut säubern, waschen und hinzufügen. Alles zusammen in geschlossenem Topf kochen und gelegentlich schwenken. Geschlossene Muscheln wegwerfen.
Die geöffneten Muscheln herausnehmen, jeweils eine Halbmuschelschale entfernen und die Muschelhälften auf einer tiefen Platte anordnen und warmstellen.
Ein Stück Butter und das Mehl in einen Topf geben, die Muschelbrühe hinzufügen und bei hoher Temperatur einkochen. Zitronensaft in eine Schüssel geben, mit etwas Sahne und 2 Eidottern verquirlen und zum Schluß der Muschelbrühe beifügen, gut verrühren und alles ohne zu kochen über die Muscheln gießen. Mit etwas gehackter Petersilie bestreuen und heiß servieren.
Vorbereitung: ca. 20 Minuten, Garzeit: ca. 15 Minuten

Überbackene Jakobsmuscheln

Nicht umsonst zählt dieses Gericht zu einem der beliebtesten Muschelgerichte der Provence.

Zutaten
10 Jakobsmuscheln
150 g Butter
6 Schalotten, kleingehackt
500 g Champignons, in dünne Scheiben geschnitten
Salz
Pfeffer
Ingwer
1 Eßl. Mehl
Cognac
geraspelte Brotkruste
Olivenöl

Zubereitung
Die Jakobsmuscheln ausnehmen, kleinschneiden und mit Butter 3-5 Minuten einkochen. Schalotten, Champignons, Salz, Pfeffer und etwas Ingwer hinzufügen, zerlassene und geschlagene Butter, etwas Mehl und Cognac beifügen, gut verrühren und 10 Minuten dünsten. Die Mischung in die Muschelschalen gießen und mit geraspeltem Brot und etwas Olivenöl bestreichen. Einige Minuten im Ofen überbacken und heiß servieren.

Vorbereitung: ca. 30 Minuten
Garzeit: ca. 20 Minuten

Aalscheiben am Spieß geröstet

Zutaten
1 großer Aal (ca. 2 kg)
4 Zitronen
150 g Butter
200 g Speck
Salz

Zubereitung
Den Aal der Länge nach aufschneiden, ausnehmen und waschen, in breite Scheiben schneiden. Die Aalscheiben immer abwechselnd mit einem Stück Speck und einer Zitronenscheibe aufspießen und mit flüssiger Butter bestreichen. Die Aalscheiben 10-15 Minuten grillen und danach salzen. Sofort servieren.

Vorbereitung: ca. 20 Minuten
Garzeit: ca. 15 Minuten

Gebackene Goldbrassen

Zutaten
1 Goldbrasse (1,5 kg)
Fenchel
Thymian
Salz
Pfeffer
Tomaten
1 Zitrone
1 Zwiebel
2 Eßl. Olivenöl
2 Glas Weißwein

Zubereitung
Den Fisch ausnehmen und abschuppen, waschen und an beiden Seiten einschneiden. Den Bauchteil mit etwas Fenchel, Thymian, Salz und Pfeffer füllen. Vom Kopf bis zum Schwanz abwechselnd Tomaten-, Zitronen- und Zwiebelscheiben halb übereinanderlegen, salzen und pfeffern, mit etwas Olivenöl bestreichen und alles mit Weißwein aufgießen. Bei mittlerer Hitze ca. 1 Stunde backen.

Vorbereitung: ca. 30 Minuten
Garzeit: ca. 60 Minuten

Sardinen mit Basilikum

Zutaten
750 g frische Sardinen
2 Zitronen
100 g Schalotten, kleingehackt
1 Bund Basilikum, kleingehackt
2 Knoblauchzehen, gepreßt
2 Eßl. Olivenöl
Salz
Pfeffer

Zubereitung
Die Sardinen ausnehmen, abschuppen und waschen, mit Küchenkrepp trockentupfen, salzen und pfeffern und auf eine Backplatte legen. Mit Schalotten, Basilikum und Knoblauch belegen und mit Olivenöl und Zitronensaft übergießen. Ca. 15 bis 20 Minuten bei mittlerer Hitze backen und sofort servieren.

Vorbereitung: ca. 20 Minuten
Garzeit: ca. 20 Minuten

(siehe Foto gegenüber S. 111)

Wolfsbarsch vom Rost

Dieses für einen Holzgrill im Freien bestimmte Gericht läßt sich selbstverständlich auch auf einem Elektrogrill zubereiten.

Zutaten
1 Wolfsbarsch (1 kg)
1 Fenchelknolle und -zweige
Salz
Estragon
Olivenöl
Petersilie
Zitronenscheiben

Zubereitung
Den Fisch ausnehmen, abschuppen und waschen. Den Fisch mit kleingeschnittenem Fenchel füllen, von beiden Seiten einsalzen und mit Olivenöl bestreichen.
Eine Grillglut mit Grillholz vorbereiten, den Fisch auf den Bratrost legen und von beiden Seiten grillen. Zwischendurch den Fisch mit Olivenöl, Estragon und kleingehackten Fenchelzweigen bestreichen. Mit Zitronenscheiben und Petersilie servieren.

Vorbereitung: ca. 30 Minuten
Garzeit: ca. 20-30 Minuten

Forellen gebraten

Zutaten
4 Forellen
Milch
Mehl
Salz
Petersilie
Zitronenscheiben

Zubereitung
Die Forellen ausnehmen und waschen, in Milch schwenken, in leicht gesalzenem Mehl wenden und in kochendem Öl ca. 5 Minuten braten bzw. fritieren. Gut abtropfen lassen und salzen. Mit gehackter Petersilie und Zitronenscheiben ganiert servieren.

Vorbereitung: ca. 15 Minuten
Garzeit: ca. 5-10 Minuten

Krabben mit Reis

Zutaten
ca. 36 kleine Krabben
Olivenöl
1,5 l Brühe
Thymian
Lorbeerblatt
Fenchel
Petersilie
Knoblauch
Salz
Pfeffer
1 Zwiebel, gehackt
Safran
2 reife Tomaten, gehackt
klare Kraftbrühe
300 g Reis

Zubereitung
Die Krabben putzen, ca. 10 Krabben zerdrücken, und diese mit 3 Eßlöffeln Olivenöl in einem Topf anschmoren. Brühe, Thymian, Lorbeerblatt, Fenchel, Petersilie und gepreßten Knoblauch hinzugeben und alles 30 Minuten sieden lassen. Zwiebel mit 3 Eßlöffel Olivenöl in separatem Topf anschmoren und die übrigen Krabben beifügen. Tomaten und etwas Kraftbrühe hinzugeben und aufkochen. Die Brühe aus den zerdrückten Krabben durchseihen, hineingießen und mit etwas Safran, Salz und Pfeffer sieden lassen. Den Reis hinein-

schütten und bei geschlossenem Deckel 15 bis 20 Minuten auf kleiner Flamme sieden lassen.

Vorbereitung: ca. 30 Minuten
Garzeit: ca. 60 Minuten

Makrele mit warmer Marinade
Auriòu à la martegalo

Ein einfaches, aber dennoch schmackhaftes Gericht:

Zutaten
4 Makrelen à ca. 200 g, ausgenommen, gesäubert
Mehl
Olivenöl
Salz, Pfeffer
4 Knoblauchzehen, gehackt
1 Lorbeerblatt
6 Scheiben Zitronen
einige Tropfen Weißweinessig
1 Teel. Estragon

Zubereitung
Die Makrelen in Mehl wenden, restliches Mehl vorsichtig abklopfen. In einer Pfanne ausreichend Öl erhitzen. Die Makrelen unter vorsichtigem Wenden 10 Minuten garen, salzen und pfeffern. Die Makrelen auf vorgewärmter Platte warm halten.
In die Pfanne noch einmal Öl gießen und den Knoblauch hellbraun anrösten. Lorbeerblatt, Estragon und Zitronenscheiben bei starker Hitze hinzufügen, Essig nach Geschmack beizufügen und über die Makrelen gießen. Sofort servieren.

Vorbereitung: ca. 30 Minuten
Garzeit: ca. 20 Minuten

Fisch à la Provençale

Für dieses Gericht kann man z. B. Seelachs verwenden.

Zutaten
4 Scheiben Fisch mit weißem Fleisch zu je 200 g
3 Teel. Zitronensaft
5 Eßl. Olivenöl
2 Zwiebeln, in feine Scheiben geschnitten
2 Knoblauchzehen, gepreßt
2 grüne Paprikaschoten - Deckel abschneiden, entkernen und in dünne Ringe schneiden
3 große vollreife Tomaten - enthäuten, in Scheiben schneiden
2 Zweige Basilikum, Blätter in Streifen schneiden
Salz, Pfeffer
1-2 Gläser trockenen Weißwein

Zubereitung
Fisch von beiden Seiten mit dem Zitronensaft beträufeln. Öl in einer Pfanne erhitzen, Zwiebeln und Knoblauch anschwitzen, Paprikascheiben dazugeben und 4 Minuten dünsten. Die Hälfte dieser Mischung in eine feuerfeste Form füllen, die Hälfte der Tomaten und des Basilikums dazugeben, salzen, pfeffern, die Fischscheiben darauf legen, die restliche Mischung, Tomatenscheiben und Paprikaringe obenauf legen, salzen, pfeffern und alles mit Wein übergießen. Im Backofen bei 200 °C (Elektro-Ofen) 30 Minuten zugedeckt gar dünsten lassen.

Vorbereitung: ca. 30 Minuten
Garzeit: ca. 40 Minuten

Thunfisch à la bonne femme

Der feinste Thunfisch ist der mit dem weißen Fleisch, aber der preiswertere rotfarbige tut es auch.

Zutaten
2 Scheiben frischer Thunfisch zu je 600 g
1/4 l Salzwasser
Olivenöl
1 mittelgroße Zwiebel, fein gehackt
30 g Mehl
200 ccm Weißwein
100 ccm Weinessig
1 Lorbeerblatt
1 Teel. Estragon
1 Knoblauchzehe, fein gehackt
3-4 Eßl. Tomatenpüree
Salz, Pfeffer
1/2 Bund Petersilie

Zubereitung
Die beiden Scheiben Thunfisch 2 Minuten in kochendem Salzwasser blanchieren, herausnehmen und gut abtropfen lassen.
4 Eßl. Olivenöl in einer Kasserolle erhitzen und die Zwiebel goldgelb anschwitzen. Das Mehl hinzufügen, gut umrühren, mit dem Wein ablöschen und zu einer dicklichen Sauce verrühren. Essig, Lorbeerblatt, Estragon, Tomatenpüree, Knob-

Foto:
Sardinen mit Basilikum
Rezept siehe S. 105

lauchzehe hinzufügen, verrühren und mit Salz und Pfeffer abschmecken.
Die Thunfischscheiben in die Sauce legen und 20 Minuten dünsten lassen. Den Thunfisch aus der Sauce nehmen, auf eine warme Platte legen, mit der Sauce übergießen und mit Petersilie bestreut servieren.

Vorbereitung: ca. 20 Minuten
Garzeit: ca. 30 Minuten

Fleischgerichte

Zucchini-Topf mit Tomaten
Tian de courgettes et de tomates

Zutaten
1 kg Zucchini
500 g Tomaten
Reste von gekochtem oder geschmortem Fleisch
Tomatenmark
2 Zwiebeln
1 Ei
Salz
Pfeffer
4 Knoblauchzehen, gehackt
1 Zweig Petersilie (zum Garnieren)
3 Eßl. Olivenöl
1 Bouquet garni
1 Teel. Basilikum
1 Teel. Rosmarin
1 Teel. Majoran
1 Teel. Paprikapulver
1 Glas herber Rotwein

Zubereitung
Eine geschnittene Zwiebel im Öl kurz anbraten und dann die geschälten und geschnittenen Zucchini mit dem Bouquet garni und den Gewürzen hinzufügen und andünsten.

1 kleingehackte Zwiebel dünsten, mit Tomatenmark und einem Glas Rotwein verrühren.
Eine Farce aus gedünstetem Knoblauch, dem Ei und dem Fleisch zubereiten.
Die Zucchini in eine Backform füllen, die Farce darübergeben und alles mit geschnittenen Tomaten bedecken. Im Ofen 30 Minuten bei 250 °C (Elektro-Ofen) backen. Mit Petersilie servieren.

Vorbereitung: ca. 30 Minuten
Garzeit: ca. 30 Minuten

Schmortopf Lubéron

Zutaten

je 250 g Rind-, Hammel- und Schweinefleisch
150 g geräucherten durchwachsenen Speck
1 große Zwiebel
5 Knoblauchzehen
1 Handvoll schwarze Oliven (in Öl und Rosmarin oder in Salzlake eingelegt)
1 gehäufter Eßl. grüner Pfeffer
1 cl Cognac
~~1/4 l~~ Crème fraîche 150 g
1/2 l Rotwein (ideal: Côtes du Lubéron oder Côtes du Rhône)
1 Eßl. Thymian
1 Teel. Rosmarin
3 Eßl. Olivenöl
Salz
Pfeffer
1/2 Tasse ungeschwefelte Korinthen

Zubereitung

Fleisch von Fett und Häuten befreien, würfeln und im heißen Öl anbraten, bis es von allen Seiten braun ist. Unter ständigem Rühren den gewürfelten Speck und die gewürfelten Zwiebeln hinzugeben, bis die Zwiebeln glasig sind. Oliven, Knoblauchzehen, Thymian, Rosmarin und die Korinthen zum Fleisch geben und alles mit dem Rotwein ablöschen. Den Schmortopf zudecken und für 40 Minuten in den auf 200 °C (Elektro-Ofen) vorgeheizten Backofen schieben.

Danach das Fleisch aus dem Topf nehmen, die Sauce aufkochen, mit grünen Pfeffer und Salz würzen, Crème fraîche unterrühren und mit dem Cognac abschmecken. Das Fleisch wieder in den Topf geben und 20-25 Minuten ziehen lassen. Dazu Salat aus Winterendivien und Weißbrot oder Safranreis reichen.

Vorbereitung: ca. 45 Minuten
Garzeit: ca. 90 Minuten

Fleischgerichte vom Rind

Schmorbraten mit Auberginen
Daube aux aubergines

Dieser Braten ist einfach köstlich, und am nächsten Tag aufgewärmt schmeckt er sogar noch besser.

Zutaten
1 kg Auberginen
600 g Schmorfleisch
2 Eßl. Olivenöl
300 g Tomaten
2 Knoblauchzehen
2 Zwiebeln
Salz
Pfeffer
1 Teel. Thymian
1 Teel. Basilikum
1 Teel. Paprikapulver
Lorbeer
schwarze Oliven

Zubereitung
Das Fleisch mit den Zwiebeln in Olivenöl goldbraun anschmoren, salzen und pfeffern und Gewürzkräuter, Tomaten und geschnittene Auberginen hinzufügen. Einige Zeit schmoren lassen, dann etwas Wasser hinzufügen und eine weitere Stunde schmoren lassen.

Man kann auch die Auberginen vorher blanchieren, ehe man sie dem Gericht beifügt.
Als Beilage empfiehlt sich ein Tomatensalat mit Basilikum und Obst.

Vorbereitung: ca. 20 Minuten
Garzeit: ca. 60 Minuten

Schmorbraten in Weinsauce

Zu diesem Gericht eine grundsätzliche Regel: Der Wein, der ins Essen kommt, sollte auch auf den Tisch kommen.

Zutaten
1 kg Vorderbug
75 g Schweinefett
150 g Zwiebeln
25 g Mehl
2 Knoblauchzehen, gepreßt
2 Eßl. Tomatenbrühe oder 350 g gehackte Tomaten
1/2 l Rotwein
Salz
Pfeffer
1 Teel. Paprikapulver
1 Teel. Rosmarin

Zubereitung
Das Fleisch mit gehackten Zwiebeln im Schweinefett anschmoren, mit Mehl bestreuen, wenden und weiterschmoren, bis das Fleisch gebräunt ist. Paprika, Rosmarin, Knoblauch und Tomatenbrühe hinzufügen, salzen und pfeffern. Mit Rotwein übergießen und 2 1/2 Stunden auf kleiner Flamme kochen. Den Schmorbraten mit gekochten Kartoffeln in einer tiefen Schüssel servieren.

Vorbereitung: ca. 45 Minuten
Garzeit: ca. 150 Minuten

Hinterviertel nach Gardiansart

Zutaten
1 kg Hinterviertel vom Rind
3 Zwiebeln
3 Karotten
Salz
Pfeffer
1 Eßl. Thymian
1 Teel. Rosmarin
2 Lorbeerblätter
3 Nelken
Petersilie
unbehandelte Apfelsinenschale
1 l Rotwein
1 Glas Weinessig
200 g Speck
5 Knoblauchzehen
1/2 l Brühe
1 Glas Weinessig

Zubereitung
In eine Schüssel zwei geviertelte Zwiebeln, Karottenscheiben, Salz, Pfeffer, Thymian, Rosmarin, Lorbeer, Nelken und Petersilie geben und das zerschnittene Fleisch hineinlegen. Mit Rotwein und Weinessig übergießen und darin das Fleisch 4 bis 6 Stunden ziehen lassen. Speck in einem Kochtopf auslassen, eine kleingeschnittene Zwiebel hinzufügen und bräunen. Das abgetropfte Fleisch hineingeben, scharf

anbraten und wenden. Den Knoblauch und die Apfelsinenschale hinzugeben und die eingekochte Marinade eingießen.
Brühe dazugießen und bei geschlossenem Deckel 5 bis 6 Stunden auf kleiner Flamme kochen lassen.

Vorbereitung: ca. 60 Minuten
Garzeit: ca. 360 Minuten

Fleischgerichte von Hammel und Lamm

Am besten schmeckt das Fleisch vom Milchlamm. Bei Hammelfleisch sollte man darauf achten, nur Fleisch von höchsten zwei Jahre alten Tieren zu nehmen.

Lamm mit Tomaten und Paprika
Agneau à la tomate et aux poivrons

Dieses Rezept ist ein schnell zubereitetes Sommergericht, das zu Reis mit Zwiebeln serviert werden kann.

Zutaten
3-4 Lammkoteletts pro Person
4 Paprikaschoten
900 g Tomaten
4 Knoblauchzehen
2 Eßl. Olivenöl
1 Eßl. Thymian
1 Teel. Rosmarin

Zubereitung
Die Lammkoteletts in Olivenöl in einem Schmortopf goldbraun anbraten. Die entkernten und geschnittenen Paprikaschoten sowie die enthäuteten und entkernten kleingeschnittenen Tomaten hinzugeben und alles 35 Minu-

ten schmoren lassen. Zum Schluß den gehackten Knoblauch beifügen.

Vorbereitung: ca. 20 Minuten
Garzeit: ca. 45 Minuten

Lammfleisch mit dicken Bohnen
Agneau aux fèves fraîches

Zutaten für 6 Personen
1 kg Lammfleisch (Brust)
1 kg dicke Bohnen - frisch oder aus der Dose
1 Zwiebel
1 Lorbeerblatt
2 Bouquets garnis
1 Karotte
5 Knoblauchzehen
Salz
Pfeffer
3 Eßl. Olivenöl

Zubereitung
Das Fleisch in Olivenöl anbraten und bei schwacher Hitze schmoren lassen. Währenddessen eine Bouillon mit den beiden Bouquets garnis, Knoblauch, Salz und Pfeffer zubereiten und die dicken Bohnen 20 Minuten darin kochen. Anschließend die Bohnen abtropfen lassen und enthäuten (entfällt bei Dosen-Bohnen). Die Bohnen mit Thymian und Lorbeer zu dem Fleisch geben und mit etwas Wasser aufgießen. Bei schwacher Hitze 30-40 Minuten schmoren lassen.

Vorbereitung: ca. 20 Minuten
Garzeit: ca. 50 Minuten

Überbackenes Lammfleisch mit Gemüse
Gratin d'agneau aux trois légumes

Auch überbacken ist Lammfleisch ein Gourmet-Erlebnis erster Güte.

Zutaten für 5 Personen
500 g Lammfleisch
5 Zucchini
5 Auberginen
5 Tomaten
1 Zwiebel
3 Eßl. Olivenöl
Salz
Pfeffer
1 Eßl. Thymian
Lorbeer
4 Knoblauchzehen
1 Eßl. Petersilie
50 g geriebener Käse

Zubereitung
Die kleingeschnittene Zwiebel in Öl andünsten und die gewürfelten Fleischstücke hinzufügen. Die klein geschnittenen Auberginen und Zucchini, die enthäuteten und geschnittenen Tomaten sowie Thymian, Lorbeer, gehackten Knoblauch, Salz und Pfeffer dazugeben.
Nach 1 Stunde Kochzeit in eine gefettete Auflaufform füllen,

Käse und Petersilie hinzufügen und 10 Minuten im Ofen bei 220 °C (Elektro-Ofen) überbacken.

Vorbereitung: ca. 30 Minuten
Garzeit: ca. 70 Minuten

(siehe Foto gegenüber S. 127)

Lamm Gourmand/Agneau gourmand

Unzählbar sind die Lammgerichte in der Provence. Dieses gehört zu den feinsten.

Zutaten
600 g Lammschulter
600 g Zuckererbsen, frisch oder aus der Dose
2 Zwiebeln
5 reife Tomaten
1 Eßl. Salbei
4 Knoblauchzehen
3 Eßl. Olivenöl
Salz
Pfeffer

Zubereitung
Die Tomaten enthäuten, entkernen und schneiden. Die frischen Erbsen aussortieren. Das Lammfleisch in einer Backform in Olivenöl anschmoren. Die in feine Scheiben geschnittenen Zwiebeln und die Erbsen hinzufügen, salzen und pfeffern, einige Augenblicke weiter bräunen lassen und dabei umrühren. Dann die Tomaten, den Salbei und den fein geschnittenen Knoblauch dazutun. Mindestens 1 Stunde kochen. Anschließend das Ganze im Ofen bei 250 °C (Elektro-Ofen) 30 Minuten backen.

Vorbereitung: ca. 30 Minuten
Garzeit: ca. 95 Minuten

Foto:
Überbackenes Lammfleisch mit Gemüse
Rezept siehe S. 126

Hammelkeule mit Thymian

Zutaten
1,2 kg Hammelkeule
500 g Kartoffeln
4 Zwiebeln
3 Knoblauchzehen
100 g Butter
1 Glas Brühe
1 1/2 Eßl. Thymian
Salz
Pfeffer

Zubereitung
Die Hammelkeule mit halbierten Knoblauchzehen spicken, salzen, pfeffern, mit weicher Butter bestreichen und mit Thymian bestreuen. Kartoffeln in dicke Scheiben, Zwiebeln in dünne Scheiben schneiden.
In eine mit Butter eingefetteten Form die Kartoffelscheiben schichten und auf jede Kartoffelschicht einige Zwiebelscheiben mit Thymian und Butterflocken legen.
Die Hammelkeule auf die letzte Kartoffelschicht legen, würzen und ca. 1 1/2 Stunden backen lassen. Zwischendurch mehrmals mit warmer Brühe übergießen und heiß servieren.

Vorbereitung: ca. 45 Minuten
Garzeit: ca. 90 Minuten

Hammelkeule pot-pourri à la provençale

Dieses Gericht kann man auch mit einer Lammkeule zubereiten.

Zutaten
1,5 kg entbeinte Hammelkeule
Knoblauchzehen, Anzahl nach Geschmack
200 g fetten Speck, in feine Würfel geschnitten
4 Zwiebeln, in Würfel geschnitten
6 Karotten, in Würfel geschnitten
6 weiße Rübchen, in Würfel geschnitten
3/4 l Weißwein
1/4 l Wasser
Salz, Pfeffer
1 Bouquet garni (2 Zweige Thymian, 2 Lorbeerblätter, 4 Stengel Petersilie, 1 Selleriegrün)
5 Eßl. Olivenöl
3 Auberginen, geschält und in Würfel geschnitten
12 grüne Paprikaschoten, entkernt, in Würfel geschnitten
6 vollreife Tomaten, enthäutet, entkernt, in Achtel geschnitten

Zubereitung
In die Hammelkeule einige Knoblauchzehen stecken und die Keule mit Küchengarn zusammenbinden. In einem Bräter den Speck auslassen und dann mit dem Schaumlöffel herausnehmen. Im heißen Speckfett nun die Keule von allen Seiten anbraten. Zwiebeln, Möhren und Rüben in den Topf geben und ebenfalls bräunen.

Mit Wein und Wasser ablöschen, salzen, pfeffern, Knoblauch und Bouquet garni hinzugeben und die Hitze reduzieren. Zugedeckt bei ganz milder Hitze 3 Stunden garen lassen. Eine Stunde vor Ende der Garzeit wird das Gemüse hinzugefügt. Dazu das Gemüse wie folgt vorbereiten:
In einer großen Pfanne das Olivenöl erhitzen. Auberginen und Paprikaschoten in die Pfanne geben und leicht anschmoren. Nun die Tomaten hinzugeben, alles 5 Minuten kräftig schmoren lassen und zu der Keule gießen.
Während der restlichen Garzeit das Gemüse gelegentlich umrühren. Das Gemüse zum Servieren um die Keule plazieren (nicht vergessen, das Garn zu entfernen), Sauce bei hoher Temperatur etwas reduzieren und in einer Saucière reichen.

Vorbereitung: ca. 60 Minuten
Garzeit: ca. 190 Minuten

Lammfleisch mit Rosmarin und Thymian

Zutaten
30 g Butter
2 Eßl. Olivenöl
1,3 kg Lammfleisch (Rücken)
2 Zweige Thymian
2 Zweige Rosmarin
2 Knoblauchzehen
4 große Kartoffeln
Salz, Pfeffer

Zubereitung
Lammfleisch in eine ausgebutterte Bratenform legen und mit Rosmarin- und Thymianzweigen belegen. Kartoffeln schälen und würfeln. Die Kartoffelstücke und den gehackten Knoblauch um das Fleisch legen, salzen, pfeffern und mit etwas Öl begießen. Im Backofen 1 Stunde braten. Dabei hin und wieder die Kartoffeln umrühren, das Fleisch wenden und mit etwas Öl begießen.

Vorbereitung: ca. 30 Minuten
Garzeit: ca. 60 Minuten

Lammkoteletts à la provençale

Lammkoteletts und Ratatouille ... fast ein kulinarischer Exportschlager der Provence!

Zutaten

8 kleine Lammkoteletts à 100 g
Pfeffer
4-5 Eßl. Öl
3 Knoblauchzehen, fein gehackt
2 Zwiebeln, in feine Ringe geschnitten
2 grüne Paprikaschoten, entkernt, in Ringe geschnitten
2 rote Paprikaschoten, entkernt, in Ringe geschnitten
3 vollreife Tomaten, enthäutet, in Scheiben geschnitten
3 Zweige Thymian (ersatzweise 2 Teel. getrockneter Thymian)
1 Eßl. Rosmarinnadeln
Salz, Pfeffer
3 Eßl. gehackte Petersilie

Zubereitung

Koteletts mit der Hand etwas flachklopfen und den Fettrand einschneiden. Mit frisch gemahlenem Pfeffer einreiben. Öl in der Pfanne erhitzen und die Koteletts von jeder Seite 5 Minuten scharf anbraten. Aus der Pfanne nehmen und warmstellen.

Knoblauch und Zwiebeln in einer Kasserolle in Öl leicht anschwitzen, Paprikaschoten hinzugeben und ebenfalls leicht anschmoren lassen. Kräuter, Salz und Pfeffer untermischen. Nach 10 Minuten die Tomatenscheiben auf die Gemüsemi-

schung legen und 5 Minuten ohne Rühren weiterschmoren lassen.
Nun noch einmal die Koteletts obenauf legen und ca. 5 Minuten bei kräftiger Hitze schmoren lassen, damit möglichst viel Flüssigkeit verdampft.
Mit Petersilie bestreut heiß servieren.

Variation: In den letzten 5 Minuten entkernte schwarze Oliven mitdünsten lassen, Anzahl nach Geschmack.

Vorbereitung: ca. 30 Minuten
Garzeit: ca. 40 Minuten

(siehe Foto gegenüber S. 15)

Fleischgerichte vom Kalb

Kalbsfrikassée à la Provence

Zutaten
800 g Kalbsfleisch (Brust- oder Kammstück)
25 kleine Zwiebeln
2 Karotten
200 g Champignons
Salz
Pfeffer
Nelken
Muskatnuß
Petersilie
1 Teel. Thymian
1 Lorbeerblatt
1 Zitrone
2 Eidotter
50 cl Crème fraîche
Butter
Mehl

Zubereitung
Das gewürfelte Fleisch in einer Schmorpfanne salzen, mit Wasser aufgießen und scharf anbraten. Karotte, ein Teil Zwiebel, Nelken, Lorbeer und Thymian hinzugeben und ca. 1 1/2 Stunden halbbedeckt bei schwacher Hitze schmoren lassen.

In einem separaten Topf die restlichen Zwiebeln in einem Glas Kalbsbrühe einkochen, Champignons hinzugeben, salzen und mit etwas Butter 5 Minuten bei großer Flamme aufkochen.
Die Kalbswürfel aus der Schmorpfanne nehmen und warmstellen. 50 g Butter mit Mehl anschwitzen, ohne die Schwitze braun werden zu lassen, mit Kalbsbrühe übergießen, die Champignonbrühe mit Zwiebeln und Champignons hinzufügen und im offenen Topf 1/4 Stunde bei milder Temperatur kochen.
Vom Feuer nehmen, 2 Eidotter, Zitronensaft, Crème fraîche, Pfeffer und geriebene Muskatnuß beimischen und zu einer dicken Sauce verrühren. Das Fleisch mit der Sauce übergießen und mit gehackter Petersilie bestreuen.

Vorbereitung: ca. 45 Minuten
Garzeit: ca. 120 Minuten

Kalbsleber provenzalisch

Zutaten
4 große Leberscheiben
100 g Butter
Kapern
Gurken
Pfeffer
Salz
Rotweinessig
Petersilie

Zubereitung
Die Leber in Butter braten, herausnehmen und auf einer Servierplatte warmstellen. In den Bratfond eine Handvoll Kapern, dünne Gurkenscheiben und evtl. noch etwas Butter geben, salzen und pfeffern, etwas Rotweinessig hineingießen, alles gut vermengen und auf kleiner Flamme kurz andünsten. Anschließend über die Leber gießen. Mit gehackter Petersilie bestreuen und sofort servieren.

Vorbereitung: ca. 15 Minuten
Garzeit: ca. 20 Minuten

Fleischgerichte vom Kaninchen

In der provenzalischen Küche erübrigt sich bei Gerichten aus Wildkaninchen das Würzen - in Anbetracht der zahlreichen wildwuchernden Kräuter der Provence, die den Tieren als Nahrung dient.

Wildkaninchenpfeffer

Zutaten
1 Wildkaninchen (1,5 kg)
Knoblauchzehen, zerstoßen
150 g Speck
1 Zwiebel, gehackt
2 Eßl. Mehl
1 Bouillonwürfel
Salz
Pfeffer
etwas Weinessig

Für die Marinade:
Weinessig
1 Glas Rotwein
Lorbeerblatt
2 Knoblauchzehen, zerstoßen
1 Zwiebel, in Scheiben
Salz
Pfeffer

Zubereitung

Das Kaninchen zerkleinern und in einem Topf mit einer Marinade aus etwas Weinessig, Rotwein, Thymian, Lorbeerblatt, Knoblauch und Zwiebel einlegen. Salzen und pfeffern und über Nacht einziehen lassen.

In einem Schmortopf 150 g Speck auslassen und in dem Fett die gut abgetropften Kaninchenstücke mit der gehackten Zwiebel und dem Knoblauch anschmoren. Sobald die Zwiebeln sich bräunen, mit der Marinade übergießen und aufkochen. Mit zwei Eßlöffeln Mehl verrühren und mit Bouillon aufgießen, salzen und pfeffern. Thymian und Lorbeerblatt aus der Marinade mit einem Teil der Marinade hinzugeben und alles 1 1/2 Stunden schmoren lassen. Zum Ende der Schmorzeit mit etwas Marinade und Weinessig binden (nicht mehr kochen lassen) und mit Salzkartoffeln servieren.

Vorbereitung: ca. 45 Minuten
Garzeit: ca. 100 Minuten

Kaninchen mit Oliven

Zutaten
1 Kaninchen (ca. 1,5 kg)
200 g schwarze und grüne entkernte Oliven
2 Zwiebeln
1 Teel. Thymian
1 Teel. Rosmarin
1 Teel. Paprika
Salz
Pfeffer
Olivenöl
1 Glas Wasser

Zubereitung
Zwiebeln in Scheiben schneiden und in einer Schmorpfanne in Olivenöl anbräunen. Das zerlegte Kaninchen hineingeben und unter häufigem Wenden scharf anbraten. Salzen und pfeffern, mit Thymian, Rosmarin und Paprika würzen, Wasser hinzugießen und im geschlossenen Topf 1/2 Stunde bei kleiner Flamme kochen.
Die schwarzen und grünen Oliven beifügen und weitere 10 Minuten kochen. Anschließend sofort heiß servieren.

Vorbereitung: ca. 45 Minuten
Garzeit: ca. 45 Minuten

Kaninchen in Butter

Zutaten
1 junges Kaninchen (ca. 1,3 kg)
100 g Butter
1 Zwiebel
Saft von 1 Zitrone
Salz
Pfeffer
Petersilie

Zubereitung
Das Kaninchen zerlegen und unter Schwenken in heißer zerlassener Butter in einer Schmorpfanne anbraten. Die gebräunten Fleischstücke salzen und pfeffern und eine gehackte Zwiebel hinzufügen. Mit etwas Wasser aufgießen, 20 Minuten schmoren lassen und gegen Ende der Garzeit mit Zitronensaft übergießen. Das Fleisch herausnehmen und warmstellen. Zum Servieren mit gehackter Petersilie bestreuen.
Den Fleischfond mit wenig Wasser anrühren und zu dem Fleisch sofort servieren.

Vorbereitung: ca. 30 Minuten
Garzeit: ca. 40 Minuten

Geschmortes Kaninchen mit Speck

Da Wild sich inzwischen rar macht, wandert auch in der Provence mittlerweile so manches Stallkaninchen in den Topf.

Zutaten
1 Kaninchen (ca. 1,5 kg)
250 g geräucherter Speck
1 Eßl. Mehl
1 dl Brühe
200 g Champignons
2 Schalotten
1 Stengel Petersilie
Schnittlauch
1 Knoblauchzehe
Thymian
Rosmarin
Salbei
Lorbeerblatt
200 g schwarze Oliven
2 Eidotter
Salz
Pfeffer
Speiseöl

Zubereitung
Den Speck in feine Streifen schneiden und in einem Schmortopf im eigenen Fett anbraten - dabei schwenken, bis der Speck leicht gebräunt ist. Das Kaninchen zerlegen, die

Fleischstücke bei hoher Temperatur scharf anbraten und unter häufigem Wenden bräunen. Leicht mit Mehl bestäuben und mit Weißwein und Brühe übergießen.
Die Champignons, die Petersilie, den Schnittlauch, die gehackten Schalotten, den zerdrückten Knoblauch und die Kräuter beifügen. Die Kaninchenleber, falls vorhanden, salzen und pfeffern und hinzufügen.
Alles im geschlossenen Topf bei kleiner Flamme eine Stunde kochen. Die schwarzen entkernten Oliven hinzufügen und weitere 30 Minuten kochen. Vor dem Servieren die Leber mit einer Gabel zerdrücken und wieder in den Schmortopf geben, die beiden Eidotter hineinrühren (ohne Kochen!) und alles sofort heiß servieren.

Vorbereitung: ca. 60 Minuten
Garzeit: ca. 100 Minuten

Fleischgerichte vom Geflügel

Schier unerschöpflich sind die Variationen der Geflügelgerichte in der Provence.

Ente mit Oliven/Canard aux olives

Zutaten
1 Ente (1,5-2 kg)
125 g Bauchspeck
2 Scheiben Weißbrot, in Milch eingelegt
250 g grüne Oliven, entkernt
3 Eßl. Olivenöl
4 cl Cognac
Salz
Pfeffer

Zubereitung
Den kleingeschnittenen Speck, die Oliven und die Weißbrotscheiben in einer Pfanne in Olivenöl erhitzen. Cognac, Pfeffer und Salz zugeben und 5 Minuten köcheln lassen. Danach diese Farce in die ausgenommene und gewaschene Ente füllen, mit Küchengarn zunähen, in einen Schmortopf geben und in den auf 225 °C vorgeheizten Backofen stellen. Dort ca. 45 Minuten bei 175-200 °C braten lassen und zwischendurch immer wieder mit Olivenöl bestreichen. Gegen Ende der Garzeit mit einer Messerspitze prüfen, ob die Ente gar ist.

Vorbereitung: ca. 45 Minuten
Garzeit: ca. 60 Minuten

Foto:
Poulet grillé à la Niçoise
Rezept siehe S. 145

Poulet grillé à la Niçoise

Obwohl es Provenzalen geben soll, die Nizza und die Côte d'Azur nicht mehr zur Provence zählen, genießt man trotzdem das eine oder andere Gericht aus dieser Region.

Zutaten

1 großes Hähnchen, zerlegt
6 Tomaten, enthäutet, in Scheiben
6 Knoblauchzehen, fein gehackt
250 g zarte grüne Bohnen
100 g schwarze Oliven
Butter, Olivenöl
frische Petersilie
Senf
Salz
Pfeffer

Zubereitung

Die Hähnchenteile salzen und pfeffern, leicht mit Senf bestreichen und ca. 15-20 Minuten grillen oder im Ofen backen. Währenddessen die Tomaten und den Knoblauch in Öl dünsten, abschmecken und zuletzt die Oliven hinzufügen. Nicht mehr kochen. In einem separaten Topf die Bohnen in Butter gar dünsten.
Hähnchenteile und Tomaten mit gehackter Petersilie bestreuen und mit Chips (gebratenen Kartoffelscheiben) servieren.

Vorbereitung: ca. 20 Minuten
Garzeit: ca. 30 Minuten
(siehe Foto gegenüber S. 143)

Huhn mit Knoblauch und Oregano

Zutaten
1 Huhn (2 kg)
1/4 l Olivenöl
6 Knoblauchzehen
1 Eßl. Oregano
Salz
Pfeffer

Zubereitung
Das ausgenommene und gewaschene Huhn innen und außen salzen und pfeffern und mit einer Mischung aus dem Oregano, 1/4 l Olivenöl und den 6 ausgedrückten Knoblauchzehen außen mit einem Küchenpinsel bestreichen. Einen Teil der übriggebliebenen Olivenölmischung in einen Schmortopf gießen, das Huhn hineinlegen und bei 200 °C im Backofen (Elektro-Ofen) ca. eine Stunde braten. Zwischendurch mit dem Bratfond begießen und gegen Ende der Garzeit mit einer Messerspitze prüfen, ob das Huhn gar ist.

Vorbereitung: ca. 30 Minuten
Garzeit: ca. 60 Minuten

Hühnchen mit Parikaschoten und Tomaten
Poulet aux poivrons et aux tomates

Zutaten
1 Hühnchen
3 Eßl. Olivenöl
5 rote Paprikaschoten
5 Tomaten
2 Zwiebeln

Zubereitung
Die fein geschnittenen Zwiebeln in Olivenöl anschmoren und die geputzten, in Streifen geschnittenen Paprikaschoten hinzufügen und 10 Minuten schmoren. Dann das zerlegte Hühnchen dazugeben, mit etwas Wasser aufgießen und zum Kochen bringen. Die geviertelten Tomaten hineingeben und im geschlossenen Topf 40 Minuten kochen.

Vorbereitung: ca. 20 Minuten
Garzeit: ca. 60 Minuten

Gebratenes Huhn nach provenzalischer Art

Wer behauptet, daß ein Huhn langweilig schmeckt, dem wird es bei diesem Gericht die Sprache verschlagen.

Zutaten
250 g Speck
1 Huhn (1,8 kg)
200 g mageres Kalbfleisch
1 Messerspitze Kümmel
8 Schalotten
Petersilie
3 Knoblauchzehen
Thymian
1 Lorbeerblatt
2 Rollschinkenschnitten, gewürfelt
1 Eidotter
1/4 Glas Cognac
200 g schwarze Oliven, entkernt
2 grüne Paprikaschoten
Olivenöl
1 Glas Weißwein
Salz
Pfeffer

Zubereitung
Das Huhn ausnehmen, abflämmen und waschen. Hühnerleber und Hühnermagen, Kalbfleisch, Speck, Schalotten, Petersilie und 2 Knoblauchzehen zu einer Farce kleinhacken.

Salzen und pfeffern, Rollschinkenwürfel, den in Cognac geschlagenen Eidotter, Thymian, Lorbeerblatt und Kümmel hinzufügen, die Hälfte der Oliven grob hacken und mit der Farce gut vermengen. Das Huhn mit der Farce füllen, zunähen, mit Olivenöl bestreichen und salzen. Im Backofen ca. 40-60 Minuten bei 250 °C (Elektro-Ofen) braten und öfter mit Bratenbrühe übergießen.
In der Zwischenzeit die kleingeschnittenen Paprikaschoten in Öl mit einer zerdrückten Knoblauchzehe anschmoren. Das gebratene Huhn auf einer Servierplatte warmstellen. Die Bratenbrühe mit Weißwein und den restlichen Oliven zu den Parikaschoten geben und noch 10 Minuten köcheln lassen. Die Paprikaschoten und die Oliven aus dem Bratfond nehmen und um das Huhn legen, dann das Huhn mit dem Bratfond übergießen. Sofort servieren.

Vorbereitung: ca. 45 Minuten
Garzeit: ca. 80 Minuten

Süßspeisen, Desserts und Gebäck

Wenn die provenzalische Küche auch eine eher deftig-bodenständige Küche ist, ist man für Süßes doch durchaus zu haben. Neben den Früchte-Desserts nascht man in der Provence auch gerne Kuchen oder Gebäck.

Melonensorbet mit Honig
Sorbet de melon au miel

Wenn es möglich ist, sollte man Lavendelhonig aus der Provence für dieses Gericht verwenden.

Zutaten
1 kg Melone
Saft einer Zitrone
5 Eßl. Honig

Zubereitung
Melone im Mixer pürieren und Honig sowie Zitronensaft hinzufügen. In einer Eismaschine solange gefrieren lassen, bis es halbfest ist. Steht keine spezielle Eismaschine zur Verfügung, das Sorbet im Eisfach erkalten lassen, dabei öfter umrühren, damit sich nicht zu viele harte Eiskristalle bilden. Das Melonsorbet kann z. B. dekorativ mit kleinen Mandeln serviert werden.

Zubereitung: ca. 20 Minuten

(siehe Foto gegenüber S. 159)

Erdbeersorbet/Sorbet de fraises

Dieses Rezept ist garantiert eine leckere Erfrischung und wird vor allem in der Erdbeersaison von April bis Juni serviert.

Zutaten für 5 Personen
1 kg Erdbeeren
100 g Zucker
Saft einer Zitrone
Saft einer Orange

Zubereitung
Die Erdbeeren waschen und entstielen, dann mit dem Mixer pürieren oder durch ein Sieb streichen. Mit dem Zucker und dem Zitronen- und Orangensaft vermischen. In einer Eismaschine solange gefrieren lassen, bis es halbfest ist. Steht keine spezielle Eismaschine zur Verfügung, das Sorbet im Eisfach erkalten lassen, dabei öfter umrühren, damit sich nicht zu viele harte Eiskristalle bilden.
Kann zum Servieren mit einigen ganzen Erdbeeren, mit Minze-Blättern oder kleinen Pfirsich- oder Aprikosenstücken dekoriert werden.

Zubereitung: ca. 30 Minuten

Erdbeereis mit Melone
Glace de fraises au melon

Bei diesem Dessert kann man auch statt der Melone Pfirsiche verwenden und die Erdbeeren durch Himbeeren ersetzen.

Zutaten
1 kg Erdbeeren
1 Melone
einige Blätter Minze
1 Stück Würfelzucker
Saft einer halben Zitrone
Puderzucker, falls die Erdbeeren nicht süß genug sind

Zubereitung
Die gewaschenen Erdbeeren im Mixer pürieren oder passieren, nach Belieben zuckern. In einem Mörser 4-5 Minzeblätter mit einem Stück Zucker zerstoßen, Zitronensaft hinzufügen und alles mit dem Erbeermus vermischen. In einer Eismaschine solange gefrieren lassen, bis alles halbfest ist. Wenn keine spezielle Eismaschine zur Verfügung steht, die Masse im Eisfach erkalten lassen, dabei öfter umrühren, damit sich nicht zuviele harte Eiskristalle bilden.
Vor dem Servieren die in Würfel geschnittene Melone daruntermengen und mit wenigen Minzeblättern dekorieren.

Zubereitung: ca. 30 Minuten

Kirschkuchen/Gâteau aux cerises

Dieser schmackhafte Kuchen ist schnell zubereitet und eignet sich auch gut zum Einfrieren.

Zutaten für 5 Personen
100 g Mehl
500 g Kirschen
100 g Zucker
3 Eier
1/4 l Milch
Butter

Zubereitung
Das Mehl mit dem Zucker vermischen, in eine Mulde die Milch und die Eier geben und einen geschmeidigen Teig kneten. Die Hälfte des Teiges ausrollen und in einer gefetteten Backform auslegen, die gewaschenen, entstielten und entkernten Kirschen darauf verteilen und mit der zweiten ausgerollten Hälfte des Teiges bedecken.
Bei 200 °C (Elektro-Ofen) im Backofen 45 Minuten backen.

Vorbereitung: ca. 30 Minuten
Garzeit: ca. 45 Minuten

Kleine Mandelkuchen

Im „Land der Mandelbäume", wie die Provence auch genannt wird, ist dieses Gebäck typisch.

Zutaten
300 g Mehl
300 g zerkleinerte Mandeln
10 Eßl. Aprikosensirup
120 g Puderzucker
Backoblaten
2 Eigelb

Zubereitung
Die Mandeln mit dem Mehl vermischen, 8 Eßl. Aprikosensirup zugeben und in einem Topf auf kleiner Flamme verrühren, bis es beginnt einzutrocknen. Die Masse anschließend auf den Oblaten verteilen und mit einer Mischung aus Eigelb, dem Puderzucker und dem restlichen Aprikosensirup bestreichen.
Im Backofen bei 220 °C (Elektro-Ofen) 10 Minuten backen lassen.

Vorbereitung: ca. 20 Minuten
Garzeit: ca. 15 Minuten

Fruchtkuchen

Zutaten
250 g Mehl
125 g Butter
250 g frische dicke Sahne
150 g geriebene Walnüsse
150 g geschnittene Mandeln
100 g Rosinen
150 g Zucker
1 Teel. flüssige Vanille
4 Eier
2 cl Cognac
Salz

Zubereitung
Einen Teig zubereiten aus Mehl, Butter, einer Prise Salz und 2 cl Cognac. Den Teig zu einer Kugel formen und 30 Minuten kühlstellen. Die frische Sahne mit den Nüssen, den Rosinen, dem Zucker, der Vanille und den geschlagenen Eier vermengen. Den Teig ausrollen, in einer runden, ausgefetteten Torten-Backform auslegen und mit der Mischung belegen. Anschließend 40 Minuten bei 200 °C (Elektro-Ofen) backen lassen.

Vorbereitung: ca. 40 Minuten
Garzeit: ca. 40 Minuten

Spezial-Rezepte für Genießer

Die folgenden Rezepte stammen aus dem Inneren der Provence, und ihre Zubereitung erfordert ein wenig mehr Zeit. Falls Sie also einmal für einen besonderen Anlaß kochen wollen, also ein festliches Essen auf den Tisch bringen möchten, werden Sie hier sicher das geeignete Rezept finden.

Schnecken mit Kräutern
Escargots aux herbes/Cacalauso i herbo

Dieses Gericht wird ursprünglich mit frischen Schnecken zubereitet. Es besteht aber durchaus die Möglichkeit, konservierte oder tiefgefrorene Schnecken zu verwenden. Dadurch reduzieren sich dann die Garzeiten erheblich (jeweilige Packungsanweisung beachten).

Zutaten
Salz
Bouquet garni
2 Schalotten
2 Gewürznelken
6 Knoblauchzehen
24 Schnecken
200 g Blattspinat
100 g Sauerampfer

1 Teel. Kerbel
1 kleiner Zweig Minze
50 g fetter Speck
1 Scheibe roher Schinken
1 Zwiebel
3 Anchovis-Filets
1 Bund Petersilie
Butter
1 altbackenes Brötchen (nur das Innere)
1 Bouillonwürfel
1 Eigelb
Essig

Zubereitung
In einem mit etwas Wasser gefüllten Topf Salz, ein Bouquet garni, eine mit Gewürznelken gespickte Schalotte und zwei geschälte Knoblauchzehen zum Kochen bringen. In einem separaten Topf mit kochendem Wasser die gewaschenen Schnecken mindestens 4 Stunden kochen. Danach die Schnecken herausnehmen, abtropfen lassen, von den Schalen befreien und warmstellen.
Für die Zubereitung der Sauce Salzwasser zum Kochen bringen und darin den gut gewaschenen Spinat, Sauerampfer, Kerbel und die Minze ca. 10 Minuten kochen lassen. Danach das abgetropfte Gemüse fein hacken.
In einer Kasserolle den gewürfelten Speck anbraten, eine zerkleinerte Scheibe rohen Schinken, eine Zwiebel, eine Schalotte, vier Knoblauchzehen, alles fein gehackt, hinzufügen. Gut vermengen und noch 3 zerdrückte Anchovis-Filets, gehackte Petersilie, ein nußgroßes Stück Butter und zum

Schluß das gehackte Gemüse daruntermischen und gut anschmoren.
Einen Eßlöffel Olivenöl und das Innere eines vorher in Salzwasser aufgeweichten Brötchens hineingeben. Nach ca. 15 Minuten mit einem in etwas heißem Wasser aufgelösten Bouillonwürfel aufgießen, kurz aufkochen lassen, die Kasserolle vom Feuer nehmen, mit Eigelb legieren und mit Essig abschmecken. Nun die mit Olivenöl beträufelten Schnecken hineingeben. Noch einmal kurz aufkochen und sofort servieren.

Vorbereitung: ca. 80 Minuten
Garzeit: ca. 270 Minuten (bei konservierten oder tiefgefrorenen Schnecken entsprechend kürzer)

Lubéron-Suppe/Knoblauchsuppe/ Soupe du Lubéron

In einigen provenzalischen Regionen fügt man diesem Gericht noch Tomaten und eine Tasse Reis hinzu.

Zutaten
10 Knoblauchzehen
1 Prise Safran
1 Lorbeerblatt
4 Scheiben Vollkornbrot
100 g geriebener Käse
1 1/2 l Bouillon
3 Eßl. Olivenöl
Pfeffer
4 Eier

Zubereitung
Den zerdrückten Knoblauch mit Öl, Safran und Lorbeer in einem Schmortopf goldgelb anschmoren. Die kochende Bouillon hinzugießen und bei schwacher Hitze 15 Minuten kochen. Die aufgeschlagenen Eier nacheinander von einem Löffel in das nicht mehr kochende Wasser gleiten lassen. Die Hitze reduzieren und die Eier 3-4 Minuten pochieren lassen. Die Suppe in ofenfeste Portionsschalen füllen, jeweils ein pochiertes Ei mit dem Schaumlöffel hineingeben, die gerösteten Brotscheiben darüberlegen und mit geriebenem Käse bestreuen. Kurze Zeit im Backofen überbacken lassen.
Vorbereitung: ca. 20 Minuten
Garzeit: ca. 30 Minuten

Provenzalische Fischsuppe

Auch wenn die Namen so mancher Fischer in diesem Rezept exotisch klingen: Es gibt sie, und die daraus entstehende Suppe schmeckt einfach herrlich. Wichtig ist, daß der Fisch fangfrisch ist!

Zutaten

1 kg verschiedene Seefischstücke z. B.
Languste, Seeröte, Knurrhahn, Queise, Fischlein, Goldbrassen, Aalraupe, Wolfsbarsch, Krabben, Fächerschwanz, Seeaal, Wittling
3 Zwiebeln, in dünne Scheiben geschnitten
4 Knoblauchzehen, gepreßt
2 Tomaten, enthäutet und entkernt
1 Eßl. Thymian
etwas Fenchelgrün
1 Bund Petersilie
2 Lorbeerblätter
ein Stück unbehandelte Orangenschale
1/2 Glas Olivenöl
Salz, Pfeffer
1 Messerspitze Safran
mit Knoblauch und Olivenöl bestrichene, gegrillte Brotscheiben (Baguette)

Zubereitung

Zwiebeln, Knoblauch, Tomaten, Thymian, Fenchel, Petersilie, Lorbeer und Orangenschale in einen Topf geben, die

Foto:
Melonensorbet mit Honig
Rezept siehe S. 150

Fischstücke darauf legen und mit Olivenöl übergießen. Etwas heißes Wasser hinzufügen, mit Salz, Pfeffer und Safran würzen und bei hoher Temperatur ca. 15 Minuten einkochen. Die Fischstücke herausnehmen. Die Brühe durchseihen und die Fischstücke zusammen mit den gegrillten Knoblauchbrotscheiben in einer Suppenschüssel - mit Petersilie bestreut - servieren.

Vorbereitung: ca. 60 Minuten
Garzeit: ca. 20 Minuten

Pistou-Suppe/Soupe au pistou

Dieses Gericht spiegelt die landwirtschaftliche Reichhaltigkeit und Vielfalt der Provence wider. Schon die Vorfahren haben gewußt, daß zu einem „ordentlichen" Gericht nicht unbedingt Fleisch dazugehört. Diese großartige Kombination von Getreide (Teig, Paste) und Gemüsearten (Bohnen) stellt durchaus ein vollständiges und vollwertiges Gericht dar, das überdies - ganz nach dem Angebot der Jahreszeit - sehr variabel ist. Es existieren zahlreiche Varianten dieses Rezeptes, und jedes Dorf besitzt eigene Rezepte.
Es ist auch möglich, diese Suppe in mehreren Zeitabschnitten zu kochen.

Zutaten für 8 Personen
10 Zucchini
4 Karotten
3 Stangen Lauch
4 Zweige Sellerie
100 g Sellerieknolle
6 Tomaten
3 Zwiebeln
400 g grüne Bohnen
400 g weiße Bohnen
400 g rote Bohnen (einfacher geht es natürlich mit Dosenbohnen)
150 g Coquillettes (kleine Muscheln) im Glas
1-2 Eßl. Basilikum
6 Eßl. Olivenöl
12 Knoblauchzehen
evtl. geriebener Käse

Zubereitung
Sämtliches Gemüse waschen, putzen bzw. schälen und in kleine Würfel schneiden.
Die Zwiebeln mit 1 Eßlöffel Olivenöl anschmoren, das übrige Gemüse hinzufügen, mit Wasser aufgießen, salzen und pfeffern. Einen Teil des Basilikum und 6 ausgepreßte Knoblauchzehen hinzugeben und 40 Minuten kochen. 10 Minuten vor Ende der Kochzeit die Coquillettes hineingeben.
Während des Kochens kann die „Pommade" zubereitet werden:
In einem Mörser den restlichen Knoblauch und Basilikum mit grobkörnigem Salz zerstoßen. Zwei enthäutete Tomaten damit vermengen. Die „Pommade" vorsichtig mit Öl verrühren.
Es gibt 3 Verwendungsmöglichkeiten:
- die gesamte Pommade in den Kochtopf einfließen lassen, wobei der Topf dazu kurz vom Feuer genommen wird.
- die Hälfte der Pommade in den Kochtopf geben, die andere Hälfte aufbewahren, um je nach Belieben die Suppe damit abzuschmecken.
- die Pommade extra auf einem Teller mit etwas geriebenem Käse servieren.

Es liegt an Ihnen, zu testen, welche Zubereitungsart Ihnen am besten schmeckt.

Vorbereitung: ca. 60 Minuten
Garzeit: ca. 60 Minuten

Register

(Rezepte fett gedruckt)

Aalscheiben am Spieß geröstet 103
Agnau gourmand, Lamm Gourmand 128
Agneau aux fèves fraîches, Lammfleisch mit dicken Bohnen 125
Aigo Boulido, Salbeisuppe 30
Aigo-sau-diou 41
Ail, Knoblauch 14, 16
Ailloli, Aïoli 43
Aïoli 10, 21
Aïoli 43
Anchoïade 22
Anchois, Anchovis 22
Anchovis 22
Anchovis, Auberginen gefüllt mit 93
Anchovis, Spinat mit 78
Anchovis-Sauce 45
Anis, Anis vert 14
Apéritiv 27, 28
Artichauts à la provençale, Artischocken provenzalisch 66
Artischocken provenzalisch 66
Auberginen gefüllt mit Anchovis 93
Auberginen in Essig 68
Auberginen mit Kabeljau 91
Auberginen provenzalisch 67
Auberginen, gebratene 85

Auberginen, Schmorbraten mit 118
Aubergines à la morue, Auberginen mit Kabeljau 91
Aubergines à la provençale, Auberginen provenzalisch 67
Aubergines au vinaigre, Auberginen in Essig 68
Aubergines farcies aux anchois, Auberginen gefüllt mit Anchovis 93
Auriòu à la martegalo, Makrele mit warmer Marinade 110
Baguette 22
Basilik, Basilikum 14
Basilikum 14
Basilikum, Sardinen mit 105
Beurre, Butter 20
Blätterteig gefüllt mit Spinat 71
Blätterteig, Fisch in 96
Bohémienne 80
Bohnen, Lammfleisch mit dicken 125
Bohnenkraut 15
Bohnensuppe 32
Bouillabaisse borgne 41
Bouillabaisse d'olives, Olivensuppe 35
Bouquet garni 19
Bourride 99
Brandade 91
Brot 22
Butter 20
Butter, Kaninchen in 141
Cacalauso i herbo, Schnecken mit Kräutern 156
Canard aux olives, Ente mit Oliven 144
Câpre, Kapern 15
Chou à la tomate, Grünkohl mit Tomaten 70

Courgette au riz, Zucchini mit Reis 75
Crème chantilly 20
Crème fraîche 20
Daube aux aubergines, Schmorbraten mit Auberginen 118
Desserts 150
dicken Bohnen, Lammfleisch mit 125
Digestif 28
Dinkelsuppe 39
Eau de Vie de Marc 28
Échalote, Schalotte 18
Eier, pochierte 42
Eiersauce, Muscheln mit 101
Ente mit Oliven 144
Épinards aux anchois, Spinat mit Anchovis 78
Épinards aux clovisses, Spinat mit Muscheln 79
Erdbeereis mit Melone 152
Erdbeersorbet 151
Escargots aux herbes, Schnecken mit Kräutern 156
Essig 21
Essig, Auberginen in 68
Estragon 15
Feldthymian, Serpolet 18
Fenchel 15
Fenouil, Fenchel 15
Fisch à la Provençcale 111
Fisch in Blätterteig 96
Fischgerichte 87
Fischsuppe 33
Fischsuppe, provenzalische 160
Fleischgerichte 114

Fleischgerichte vom Geflügel 144
Fleischgerichte vom Kalb 135
Fleischgerichte vom Kaninchen 138
Fleischgerichte vom Rind 118
Fleischgerichte von Hammel und Lamm 123
Flûte, Brot 22
Forellen gebraten 107
Fromage de chèvre, Ziegenkäse 23
Fromage, Käse 23
Fruchtkuchen 155
Gartenthymian, Thym 18
Gâteau aux cerises, Kirschkuchen 153
Gebäck 150
Gebackene Goldbrassen 104
Gebratene Auberginen 85
Gebratene weiße Rübchen 86
Gebratenes Huhn nach provenzalischer Art 148
Gemüse, überbackenes Lammfleisch mit 126
Gemüsegerichte 56
Gemüsesuppe, leichte 37
Gemüsetopf 56
Genièvre 18
Geschmortes Kaninchen mit Speck 142
Glace de fraises au melon, Erdbeereis mit Melone 152
Gnocchi 22
Goldbrassen, gebackene 104
Gratin d'agneau aux trois légumes, überbackenes Lammfleisch mit Gemüse 126
Gratin de corugettes, überbackene Zucchini 76
Gratin de pommes de terre, Kartoffeln überbacken 59

Gratin de potiron et pommes de terre, Kürbis mit Kartoffeln, überbacken 73
Gros sel, grobes Meersalz 21
Grünkohl mit Tomaten 70
Hammelkeule mit Thymian 129
Hammelkeule pot-pourri à la provençale 130
Hinterviertel nach Gardiansart 121
Honig, Melonensorbet mit 150
Huhn in Folie mit Rosmarin 10
Huhn mit Knoblauch und Oregano 146
Huhn nach provenzalischer Art, gebratenes 148
Hühnchen mit Paprikaschoten und Tomaten 147
Huile d'olive, Olivenöl 20
Jakobsmuscheln, überbackene 102
Kabeljau, Auberginen mit 91
Kabeljau-Topf mit Kartoffeln und Lauch 87
Kalbsfrikassée à la Provence 135
Kalbsleber provenzalisch 137
Kaninchen in Butter 141
Kaninchen mit Oliven 140
Kaninchen mit Speck, geschmortes 142
kaninchenpfeffer, Wild- 138
Kapern 15
Kartoffeln (überbacken), Kürbis mit 73
Kartoffeln und Lauch, Kabeljau-Topf mit 87
Kartoffeln, überbacken 59
Kartoffeltopf, provenzalisch
Käse 23
Kichererbsen 57
Kirschkuchen 153

Kleine Mandelkuchen 154
Knoblauch 14, 16
Knoblauch und Oregano, Huhn mit 146
Knoblauchsuppe 159
Kohlsuppe 36
Krabben mit Reis 108
Krabbensuppe 33
Kräuterkuchen 62
Kräutern, Schnecken mit 156
Kräutertee 26
Krebse nach provenzalischer Art 98
Kürbis mit Kartoffeln, überbacken 73
Kürbistopf 74
Lamm Gourmand 128
Lamm mit Tomaten und Paprika 123
Lammfleisch mit dicken Bohnen 125
Lammfleisch mit Gemüse, überbackenes 126
Lammfleisch mit Rosmarin und Thymian 132
Lammkoteletts à la provençale 133
Lauch, Kabeljau-Topf mit Kartofeln und 87
Laurier, Lorbeer 17
Lavande, Lavendel 16
Lavendel 16
leber provenzalisch, Kalbs- 137
Leichte Gemüsesuppe 37
Lorbeer 17
Lubéron-Suppe 159
Majoran 17
Makrele mit warmer Marinade 110
Mandelkuchen, kleine 154

Marc 28
Marjolaine, Majoran 17
Meersalz, grobes 21
Melone, Erdbeereis mit 152
Melonensorbet mit Honig 150
Mireille 52
Mirèio, Mireille 52
Mit Schafskäse gefüllte Paprikaschoten 84
Moussaka à la provençale, Moussaka provenzalisch 58
Moutarde, Senf 21
Muscheln mit Eiersauce 101
Muscheln nach seemännischer Art 100
Muscheln, Spinat mit 79
muscheln, überbackene Jakobs- 102
Oefs aux anchois 47
Oliven, Ente mit 144
Oliven, Kaninchen mit 140
Olivenöl 20
Olivensuppe 35
Oregano 17
Oregano, Huhn mit Knoblauch und 146
Origan, Oregano 17
Paprika, Lamm mit Tomaten und 123
Paprikaschoten und Tomaten, Hühnchen mit 147
Paprikaschoten, mit Schafskäse gefüllte 84
pastete, Spargel- 69
Pastis 11, 26
Pissaladière 48
Pistou 21
Pistou-Suppe 162

Polenta 22
porchierte Eier 41
Potage julienne, leichte Gemüsesuppe 37
Poulet aux poivrons et aux tomates, Hühnchen mit Paprikaschoten und Tomaten 147
Poulet grillé à la Niçoise 145
Provenzalische Fischsuppe 160
Provenzalische Tomatensauce 44
Ratatouille 81
Ratatouille d'hiver, Winter-Ratatouille 82
Ratatouille im Backofen, Ratatouille au four 83
Ratatouille, Winter- 82
Reis 22
Reis, Krabben mit 108
Reis, Zucchini mit 75
Rosmarin 17
Rosmarin und Thymian, Lammfleisch mit 132
Rosmarin, Huhn in Folie mit 10
Rotbarsch mit Tomaten 94
Rübchen, gebratene weiße 86
Safran 18
Salade au Thon et à la Tomate 53
Salade Niçoise 11
Salade Niçoise 50
salat, Sauce zu Tintenfisch- 55
Salat, Thunfisch/Tomaten- 53
salat, Tintenfisch- 54
Salate 50
Salbei 18
Salbeisuppe 30

Sardinen mit Basilikum 105
Sardinen mit Spinat 89
Sardines aux épinards, Sardinen mit Spinat 89
Sarriette, Bohnenkraut 15
Sauce zu Tintenfischsalat 55
Sauce, Anchovis- 45
sauce, provenzalische Tomaten- 44
Saucen 43
Sauge, Salbei 18
Schafskäse gefüllte Paprikaschoten, mit 84
Schalotte 18
Schmorbraten in Weinsauce
Schmorbraten mit Auberginen 118
Schmortopf Lubéron 116
Schnecken mit Kräutern 156
Senf 21
Serpolet, Feldthymian 18
Sorbet de fraises, Erdbeersorbet 151
Sorbet de melon au miel 150
Soupe au pistou, Pistou-Suppe 162
Soupe aux chou 36
Soupe dépeautre 39
Soupe du Lubéron, Knoblauchsuppe 159
Spargelpastete 69
Speck, geschmortes Kaninchen mit 142
Spezial-Rezepte für Genießer 156
Spinat mit Anchovis 78
Spinat mit Muscheln 79
Spinat, Blätterteig gefüllt mit 71
Spinat, Sardinen mit 89

suppe, Bohnen- 32
suppe, Dinkel- 39
suppe, Fisch- 33
suppe, Knoblauch- 159
suppe, Kohl- 36
suppe, Krabben- 33
suppe, leichte Gemüse- 37
Suppe, Lubéron- 159
suppe, Oliven- 35
Suppe, Pistou- 162
suppe, provenzalische Fisch- 160
suppe, Salbei- 30
Suppen 30
Süßspeisen 150
Tapenade 46
Tarte à l'oignon, Zwiebelkuchen 64
Tarte aux herbes, Kräuterkuchen 62
Terrine de courgettes, Zucchini-Topf 77
Terrine de légumes, Gemüsetopf 56
Thunfisch à la bonne femme 112
Thunfisch/Tomaten-Salat 53
Thym, Gartenthymian 18
Thymian 18
Thymian, Hammelkeule mit 129
Tian de courge, Kürbistopf 74
Tian de courgettes et de tomates, Zucchini-Topf mit Tomaten 114
Tian de morue aux pommes de terre et aux poireaux, Kabeljau-Topf mit Kartoffeln und Lauch 87
Tian de pommes de terre à la provençale, Kartoffeltopf pro-

venzalisch 60
Tintenfischsalat 54
Tintenfischsalat, Sauce zu 55
Tomaten und Paprika, Lamm mit 123
Tomaten, Grünkohl mit 70
Tomaten, Hühnchen mit Paprikaschoten und 147
Tomaten, Rotbarsch mit 94
Tomaten, Zucchini Topf mit 114
Tomatensauce, provenzalische 44
Tourtes aux asperges, Spargelpastete 69
Überbackene Jakobsmuscheln 102
Überbackene Zucchini 76
Überbackenes Lammfleisch mit Gemüse 126
Vinaigre, Essig 21
Vinaigrette 11
Vinaigrette 21
Vorspeisen 47
Wacholder 18
Wein 27
Weinsauce, Schmorbraten in 120
Weiße Rübchen, gebratene 86
Wildkaninchenpfeffer 138
Winter-Ratatouille 82
Wolfsbarsch vom Rost 106
Ziegenkäse 23
Zucchini mit Reis 75
Zucchini, überbackene 76
Zucchini-Topf 77
Zucchini-Topf mit Tomaten 114
Zwiebelkuchen 64